iBT対応　TOEFLテスト完全攻略シリーズ

TOEFL®テスト完全攻略ライティング

TOEFL is a registered trademark of Educational Testing Service (ETS). This publication is not endorsed or approved by ETS.

神部 孝
田嶋ティナ宏子
近山メアリー　　共著

はじめに

　本書は、TOEFL iBT（Internet-Based Testing）のライティング・セクションに含まれる統合型問題（Integrated Task）と独立型問題（Independent Task）の解法テクニックを、効果的・効率的に学ぶことを目的に制作されました。4つのセクションに分かれるiBTは、この最後のセクションのライティングで高得点をマークすることが、合計得点の向上につながります。日本で育った皆さんのスピーキングのスコアは30点満点のうち20点程度で足踏みをする可能性が高いのですが、ライティングでは20〜25点を目標にしていただきたいですし、またそれが可能であると思います。難関校に合格するためには、27点レベルを目指すことが重要でしょう。

　昨年、本書の前身である『新装版 TOEFL®テスト ライティング大特訓』（2002年アルク刊）で監修を務めた田嶋ティナ宏子先生とお話をしたとき、iBTで新たに加わった統合型問題を指して、「今度の試験はまるで日本人いじめよね」とおっしゃったのを覚えています。「いじめ」というのは少し言い過ぎかもしれませんが、私自身も生徒を教えていて、かなり厳しい試験であることは間違いないと思います。田嶋先生のおっしゃったことを私なりに解釈してみました。

1）InputはできるがOutputが弱い

　留学を目指す日本人の読む・聞くというinputの能力はけっして低くないと思います。特に読解力はむしろ高いといえます。語彙力次第ですが、リーディング・セクションの得点力がアップするのは非常に早いのです。しかし、スピーキングやライティングとなると、そう簡単に得点力が上がりません。話す・書くというoutputの能力が低いのだと思います。

2）考え方をまとめるのが上手ではない

　読む・聞くという行為はできる。メモも取れる。でも、まとめられない。スピーキングやライティングで高得点を目指すには、このまとめる力を養わないといけないのだと思います。

　本書はいわば、「いじめに負けない受験者」のためのライティング・テキストです。統合型問題に重点をおきながらも、独立型問題にも十分なページを割き、ライティング・エッセーの効率的な書き方と解答方法を掲載しました。巻末の表現集も、前掲書の著者の一人である近山メアリー先生からいただいた統合型問題に役立つ語句を加えて拡充しています。本書は、多くの先生方の努力により完成したテキストです。留学の夢を実現していただく一助になれば幸いです。

　最後になりますが、そうした多くの先生方のご尽力に感謝いたしますとともに、アルク編集部の小枝伸行さんをはじめ、問題文を作成していただいたクリストファー・コソフスキーさん、レイアウトの工夫をしていただいた松岡一郎さんなど、ご協力いただいたすべての皆さまに御礼申し上げます。

2007年6月
かんべ英語塾主宰
神部 孝
Yale School of Management（MBA）

目次

はじめに …………………………………………………………… 3
本書の効果的な使い方（付属CDについて）………………………… 6

Chapter 1　TOEFLテストとは ……………………………… 7
　TOEFLテストの概要 …………………………………………… 8
　ライティング・セクションについて ………………………… 11
　解答の作成にあたって ………………………………………… 14

Chapter 2　Task 1 解法テクニック[統合型問題] ………… 25
　Task 1 統合型問題（Integrated Task）の流れ ……………… 26
　統合型問題の攻略法 …………………………………………… 32
　問題タイプ別 実践トレーニング ……………………………… 41

Chapter 3　Task 2 解法テクニック[独立型問題] ………… 63
　Task 2 独立型問題（Independent Task）の流れ …………… 64
　独立型問題の採点基準 ………………………………………… 68
　独立型問題の攻略法 …………………………………………… 71

Chapter 4　Task 1 実践トレーニング[統合型問題] …… 75
Chapter 5　Task 2 実践トレーニング[独立型問題] …117
Chapter 6　模擬テスト ……………………………………… 167
Chapter 7　ライティングに役立つ表現集 ………………… 197

本書の効果的な使い方

　本書は、TOEFL iBTの出題形式に沿って『新装版 TOEFL®テスト ライティング大特訓』を全面的に改訂し、従来の独立型問題については多数の例題を引用する一方、新たに加わった統合型問題にはより多くのページを割いて書き下ろしたものです。さらに、統合型・独立型の両タイプのライティングに役立つ語句・表現集も充実させました。
　皆さんがすでに獲得しているTOEFLのスコアに応じて、以下の順序で本書に取り組んでください。

◎リーディングとリスニングのスコアが10点台半ばの場合
　独立型問題（Task 2）から取り組んでください。統合型問題（Task 1）は難易度が高いため、リーディング、リスニング能力の向上を目指してから取り組んでください。

◎リーディングとリスニングのスコアが20点台の場合
　本書の順番どおり、統合型問題から取り組んでください。そして、独立型問題で4.0-5.0の評点を獲得できるよう練習しましょう。

難易度表記について

　統合型問題の難易度は★マークで表示しました。★が3つのものは非常に難しい問題です。なお、独立型問題については、設問テーマによって受験者の得意・不得意の差が大きいため、難易度は示してありません。

本書と併せて活用したい推薦図書

◎統合型問題の速読やメモ書きの練習に役立つテキスト
　『TOEFL®テスト リーディング・リスニングの解法 応用編』（アルク刊）
　文章の長さと講義スピードが統合型問題の設問に類似しています。速読能力とメモ書き能力を高めるために活用するといいでしょう。

◎独立型問題に出題されるトピックが掲載されているテキスト
　The Official Guide to the TOEFL® Test （ETS刊）
　筆者が受験したときも、ここに書かれているトピックから出題されました。

付属CDについて

　本書に付属している音声CD（約26分）は、以下の統合型問題のリスニング部分（講義）に使用します。CDプレーヤーまたはパソコンのCDドライブで再生してください。各章の設問を続けて解くのではなく、1問1問の講義を正確に聞き取ることを目標に繰り返し学習しましょう。

　　Chapter 2：Task 1 解法テクニック　　　例題3問　［トラック番号01～03］
　　Chapter 4：Task 1 実践トレーニング　　問題5問　［トラック番号04～08］
　　Chapter 6：模擬テスト　　　　　　　　テスト3題　［トラック番号09～11］

★各設問のリーディング・パッセージを読み終えたら、該当するトラックを再生してください。トラック番号は🎧マークで示してあります。

Preparation
TOEFLテストとは

- 8 TOEFLテストの概要
- 11 ライティング・セクションについて
- 14 解答の作成にあたって

TOEFLテストの概要

　TOEFL (Test of English as a Foreign Language) テストとは、その名称が示すように、外国語としての英語力判定テストです。アメリカの非営利教育団体Educational Testing Service (ETS) により開発・運営されているTOEFLテストは、主にアメリカやカナダの大学院、大学、短大で、留学志願者の英語力が授業についていくのに必要な基準に達しているかどうかを測るための目安として使われてきました。最近では、アメリカ、カナダのみならず、イギリス、オーストラリア、ニュージーランドを含む英語圏各国において、7000を超える大学、短大などが、英語を母国語としない留学生に対して、必要な英語力の基準をTOEFLテストのスコアで提示し、入学要件のひとつとしています (TOEFLテストとともにほかの英語力判定テストのスコアを採用している大学もあります)。

　アメリカでは、2005年9月から、Internet-Based Testing (iBT) と呼ばれるインターネットを利用して行われる新しいTOEFLテストが実施され、2006年7月に、日本でもiBTが導入されました。従来のPaper-Based Testing (PBT) とComputer-Based Testing (CBT) は、すでに中止されています (PBTは便宜的に実施される可能性があります)。なお、教育団体などでは、ITP (Institutional Testing Program) と呼ばれるペーパー試験を受けることが可能です。

iBTの概要

　TOEFL iBTは、Reading、Listening、Speaking、Writingの4つのセクションに分かれています。ReadingとListeningは選択式で、選択肢や文中の語句などをマウスでクリックして解答する方式です。Speakingは設問に対する自分の考えを述べたり、提示される内容を要約して話したりする方式で、Writingはタイピングによる解答方式となります。なお、テスト時間は合計で約4時間半、問題総数は78〜129問となっています。

◆Reading Section　　[試験時間：60〜100分／問題数：36〜70問]
　3〜5つのパッセージを読んで設問に答えるもので、試験時間は60〜100分です。このセクションでは1パッセージにつき約700語の文章を20分程度で読む必要があるので、かなりの速読能力が求められます。設問に答えながらパッセージを読み進めることにより、パッセージ全体の内容を把握します。また、出題範囲がかなり広いため、普段からさまざまな分野のトピックやニュースを「英語で」読んでおくことが重要です。

◆Listening Section　　[試験時間：60〜90分／問題数：34〜51問]
　2〜3つの会話、4〜6つの講義や討論を聞く問題で、試験時間は60〜90分です。このセクションでは「適切なメモを取る力」と「高度なリスニング能力」が求められます。会話や講義、討論は非常に長いので、ポイントを押さえてメモを取る練習が必要です。また、iBTで出題される「教授はなぜこのような発言をしたのですか」といった設問は、講義

や討論の内容に直接は関係なく、解答者が推測して答えなくてはならないため、かなり戸惑う問題といえます。

◆Speaking Section　　[試験時間：約20分／問題数：6タスク]

　このセクションでは、6つの設問（タスク）が出題されます。実際の試験では、コンピューターの画面を見ながらマイクを通して話します。ここで必要となるのは、会話力というより、短時間で思考をまとめ、論理的にスピーチを行う能力です。解答時間は1問につき45〜60秒ですが、これは想像以上に長く感じられる一方、15〜30秒という短い時間で構成をまとめ、まとまった分量の英語を話さなければならないため、非常に難易度が高いといえます。ネイティブスピーカーでも、訓練をしていないと満点を取るのが難しいと思われるレベルですので、日ごろからスピーチの練習を行うなど、時間をかけてじっくり準備する必要があります。

◆Writing Section　　[試験時間：約60分／問題数：2タスク]

　3分間でパッセージを読み、その後、2分程度の短い講義を聞いてから設問に答える統合型問題（Task 1: Integrated Task）と、あるトピックについての意見をまとめる従来式の独立型問題（Task 2: Independent Task）とが出題されます。このセクションでは、「正しい文法の知識」と「文章構成能力」、そして「タイピング技術」が求められます。また、統合型問題では「読解力」と「リスニング能力」も必要です。iBTで新しく導入された統合型問題では、設問によって異なりますが、150〜225語程度に解答をまとめます。この際、パッセージで使われている文章などをそのまま用いて書くと、減点の対象になるので注意しましょう。

スコアについて

　各セクションとも30点満点、合計スコアで最低は0点、最高は120点となります。スコアは試験日から約2週間後、郵送されるスコアシートまたはウェブで確認できます。

受験手続きについて

　まず、Information Bulletin（以下Bulletin）と呼ばれる受験要項を入手します。Bulletinは、ETSの公式ウェブサイトからPDFファイル形式でダウンロードすることができます。Bulletinには、受験手続きから教材の購入方法まで、TOEFLテストに関する諸注意がこと細かに説明されています。情報のほとんどは英語で書かれているため、全部を読みこなすのは大変ですが、TOEFLテスト受験の第一歩と考えてトライしてみましょう。

　iBTはインターネットを利用して行われるため、広いエリアでの実施が可能となり、受験会場が全国各地にあります。受験の予約にはETSの公式ウェブサイトで個人ページの作成が必要です。その後、オンラインもしくはプロメトリック株式会社あてに、電話、郵

便で申し込みを行います。その際、身分証明書やクレジットカードなど必要なものがありますので、あらかじめ受験要項のBulletinをよく読んで確認しましょう。

問い合わせ先

◇**TOEFLテスト全般について**

ETS（Educational Testing Service）
TOEFL Services, Educational Testing Service
P.O. Box 6151 Princeton, NJ 08541-6151, USA
TEL：+1-609-771-7100（月〜金：8:00〜19:45／アメリカ東部標準時間）
URL：http://www.ets.org/toefl/
E-mail：toefl@ets.org

◇**受験要項入手方法**

受験要項（Bulletin）はETSの公式ウェブサイトからPDFファイルをダウンロードします。
URL：http://www.ets.org/toefl/

◇**TOEFL iBTの申込先**

プロメトリック株式会社
〒104-0033　東京都中央区新川1-21-2　茅場町タワー15F
TEL：03-5541-4800（祝祭日を除く月〜金：9:00〜18:00）
オンライン予約もできます。
http://ac.prometric-jp.com/toefl/jp/online.html
　電話予約の場合でも、あらかじめ取得したETS IDが必要です。

　なお、受験情報は今後更新されることがあります。最新の情報はアルクのウェブサイト「アルク留学ネット」でも提供しています。ぜひご利用ください。
　アルク留学ネット　URL: http://www.alc-ryugaku.net/

ライティング・セクションについて

　まず、以下のチャートでiBT全体の流れをもう一度確認してみましょう。ライティング・セクションは、約3時間でリーディング、リスニング、スピーキングの各セクションをこなしたあとに受ける最後のテストです。多くの受験者にとって最も苦手なスピーキングを終わらせたあとのセクションですから、ほっとして緊張の糸が緩んでしまうかもしれません。それでも、絶対に気を抜かないでください。このセクションで高得点を取っている受験者たちは、最後まで一生懸命に取り組んでいます。特に、リスニングとリーディングの能力も試される難易度の高い統合型問題が最初に待っていますから、ここで集中力を欠いたら今までの苦労が水の泡です。iBTは、最初から最後まで気が抜けない試験だということを覚えておいてください。

Reading Section	試験時間:60〜100分
Listening Section	試験時間:60〜90分
休憩10分	必ずスクラッチペーパー（メモ用紙）を交換する
Speaking Section	試験時間:約20分
Writing Section	試験時間:約60分
	合計試験時間:200〜270分

ライティング・セクションの流れ

　ヘッドセットを装着して設問形式に関する指示文（Directions）を聞いたあと、統合型問題（Task 1：Integrated Task）、独立型問題（Task 2：Independent Task）の順に2つの設問に臨みます。ヘッドセットは、直前のスピーキング・セクションから引き続き装着してください。ただし、マイクは使いません。統合型問題のリスニング部分（講義や指示文）を聞き終わったら、ヘッドセットは外してもかまいません。

全体の指示文（Directions）を聞く	
Task 1：統合型問題	解答時間:20分／配点:5点
Task 2：独立型問題	解答時間:30分／配点:5点

Task 1：統合型問題の構成

　統合型問題では、読解力、リスニング力、そして文章構成力を測ります。試験の流れは以下の通り、初めに提示されたパッセージを読み、それに関する講義などを聞いたうえで、指示に従って設問に答えます。

　なお、講義の音声が流れている最中にリーディング・パッセージを読むことはできません。また、iBTでは手書きで解答することは認められず、すべてタイプ入力となります。ヘッドセットは答案を書きはじめた時点で外してかまいません。

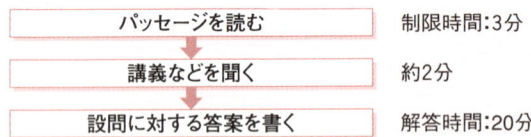

パッセージを読む	制限時間：3分
講義などを聞く	約2分
設問に対する答案を書く	解答時間：20分

Task 2：独立型問題の構成

　独立型問題は、指示文と短い設問文を読んでから答案を作成する、PBT形式の時代から続いている設問形態です。唯一、過去の試験と違うところは、手書きが認められないこと。リスニングはありませんので、ヘッドセットの装着は不要です。ただし、周りの雑音で気が散るような場合には、ヘッドセットやイヤーマフ（ヘッドセットのような消音装置）をつけてもかまいません。

設問に対する答案を書く	解答時間：30分

スコアについて

◆「キャンセル」はしないこと

　試験が終わるとすぐに、①スコアの結果を志願校に送付するかどうか、②スコアをキャンセルするかどうか、などの質問が画面に表示されますが、間違ってもスコアをキャンセルしないようにしてください。TOEFLでは、過去に取得したスコアのうち最高点をあとから志望校に送付することができるからです。また、自分ではできなかったと思っても、意外に得点がよい場合もあります。そのようなことを考えると、スコアはキャンセルすべきではありません。

◆スコアの確認

　自分のスコアはETSのウェブサイトで確認できるようになっていますが、自宅への郵送を依頼することも可能です。受験後、およそ2～3週間で確認できますが、アメリカの

休日を挟む場合には、若干遅れることがあります。

❗ 受験直後にスコアを確認することはできません。CBT形式のTOEFLではセクションごとの得点をその場で知ることができたのですが、iBTではそれができなくなりました。

◆志望校への送付

留学を志望する大学へのスコアの送付は、前述の通り、受験直後の画面で手続きできるようになっています。スコアを確認してから送付したい場合は、Bulletinを参考にしてください。オンラインでの送付や郵送など、いくつかの方法が記載されています。

目標スコアの設定

ライティング・セクションでは、統合型問題、独立型問題のそれぞれが5点を満点として採点され、合わせて10点が最高点となりますが、実際のスコアでは、この合計得点が、30点を上限とする成績に変換されて通知されます。

読者の皆さんの目標スコアはそれぞれ異なっていることと思いますが、総合スコアを考えたうえで、ライティング・セクションの目標スコアを立てるようにしてください。以下にそのモデルを示しました。ただし、志望校がライティングの要求スコアを定めている場合は、それを目標にせざるを得ませんので、応募要項などでよく確認しましょう。

また、本書ではスピーキング・セクションの点数を低めに設定いたしました。日本の受験生を教えていて、点数の伸びが低いことがわかったからです。そのため、目標点に到達するためにライティング・セクションの点数を若干高めに設定いたしました。

1. iBT 80点目標
（PBT：550点、CBT：213点）

リーディング	22点
リスニング	21点
スピーキング	17点
ライティング	20点
合計	80点

2. iBT 92点目標
（PBT：580点、CBT：237点）

リーディング	24点
リスニング	24点
スピーキング	20点
ライティング	24点
合計	92点

3. iBT 100点目標
（PBT：600点、CBT：250点）

リーディング	28点
リスニング	27点
スピーキング	20点
ライティング	25点
合計	100点

解答の作成にあたって

　ここでは、iBTで求められるエッセー・ライティングの原則について説明します。特に、コンピューターを使って解答するiBTを受けるうえで、タイピングのスキルは欠かせません。独立型問題を例にとり、高得点を目指すタイピングの基本を見てみましょう。

ブロックスタイルとインデントスタイル

　ブロックスタイルとは、各パラグラフの最初にスペースを入れず、文頭から左詰めで書き、パラグラフとパラグラフの間に1行分の空きを入れていく書き方です。主にビジネス文書に多く見られます。

　一方、インデントスタイルは、パラグラフの文頭に3～5文字分のスペースを挿入し、パラグラフの間は空けない形式のこと。最近では、第1パラグラフの文頭だけは左詰めで、スペースを空けない形式も見られるようになりました。小説や正式な論文などではインデントスタイルを用いることが多く、筆者もアメリカの大学院に留学中にはこちらのスタイルで論文を書きました。

　どちらの書き方が正しいということはありません。本書に掲載した解答例にはすべてブロックスタイルを採用しましたが、皆さんが練習、あるいは本番で書くスタイルはいずれでもかまいません。ただし、答案は必ずどちらかに統一してください。スタイルの混在したエッセーは読みにくく、減点の対象となる可能性もあります。

　なお、日本語キーボードでは、記号(コロン、セミコロン、アポストロフィ、ダブルクオテーションなど)の位置が異なります。試験監督者に対比表をもらうか、指示を受けてください。

　それでは、独立型問題の解答例で両方のスタイルを見比べてみましょう。与えられた設問は以下の通り。これに対する解答を次ページに示しました。文章の内容は同じです。

Question: With the spread of computer literacy, more schools are relying on computer-based education. Some people argue that the interaction of student and teacher is more beneficial to students and indeed better education. Compare both opinions and explain which point of view you agree with. Use specific reasons and examples to support your answer.

(コンピューター技能の進展とともに、多くの学校がコンピューターによる教育に頼ってきている。ある人々は、学生たちとよりよい教育にとっては学生と教師との交流のほうが重要であると論じている。両者の意見を比べ、どちらの考えに賛同するかを述べなさい。特定の理由と例を用いて、あなたの解答を支持しなさい)

ブロックスタイル (Block Style)

Without a doubt computers have become indispensable in our society. This spread of computers has reached the classroom, not just to teach how to use a computer but to use a computer to teach. There are strong opinions on both sides as to the advisability of using computers to educate children. Here I will mention both benefits and drawbacks of computerized education.

Computerized education has been shown to be beneficial to children and teachers in a number of ways. Each child can work at his or her own pace and level. There are specialized programs that take into account the user's errors and adjust the problems accordingly. Each child is getting one-to-one attention. There is instant feedback. The teacher benefits as well. There are good and accurate records of each student's performance. The teacher can spend less time correcting papers and more time attending to the students.

However enticing it is to get on the computer bandwagon in education, there are as many drawbacks or cautions as there are benefits. A student who is only engaged with a computer is not interacting socially. Furthermore, children who are working independently do not get to hear how other children are approaching a problem; they do not get to benefit from others' mistakes and others' interpretations.

We must think carefully about what kind of education we want for our children. If we want children computer savvy and looking for the "right" answer to every problem, then maybe computers are the answer. I, however, think that we need to educate our children in a social setting. They should learn while interacting with peers and their teacher, which is why I would argue against excessive reliance on computerized education.

[ポイント]
①パラグラフの文頭も左詰めで書く
②パラグラフ間に必ず行間を空ける

インデントスタイル (Indented Style)

　　Without a doubt computers have become indispensable in our society. This spread of computers has reached the classroom, not just to teach how to use a computer but to use a computer to teach. There are strong opinions on both sides as to the advisability of using computers to educate children. Here I will mention both benefits and drawbacks of computerized education.
　　Computerized education has been shown to be beneficial to children and teachers in a number of ways. Each child can work at his or her own pace and level. There are specialized programs that take into account the user's errors and adjust the problems accordingly. Each child is getting one-to-one attention. There is instant feedback. The teacher benefits as well. There are good and accurate records of each student's performance. The teacher can spend less time correcting papers and more time attending to the students.
　　However enticing it is to get on the computer bandwagon in education, there are as many drawbacks or cautions as there are benefits. A student who is only engaged with a computer is not interacting socially. Furthermore, children who are working independently do not get to hear how other children are approaching a problem; they do not get to benefit from others' mistakes and others' interpretations.
　　We must think carefully about what kind of education we want for our children. If we want children computer savvy and looking for the "right" answer to every problem, then maybe computers are the answer. I, however, think that we need to educate our children in a social setting. They should learn while interacting with peers and their teacher, which is why I would argue against excessive reliance on computerized education.

[ポイント]
①文頭に3〜5文字空ける
②パラグラフ間は行間を空けずに詰める

答案作成中に使える機能

ライティング・セクションの画面には次のようなアイコンがあり、それぞれ文章作成中に支援機能として使うことができます。

Cut 部分的に切り取って、ほかの場所に移動させるときに使う機能
Copy 部分的にコピーをして、他の場所に複製する機能
Paste CutやCopyをした部分を貼り付ける機能

◆Cut & Pasteの活用例

前ページに掲載した解答例から第2パラグラフの一部を用いて、これらの機能の使い方を説明します。2文目と4文目の、ともにEach childで始まるセンテンスを1つにまとめてみましょう。

> Computerized education has been shown to be beneficial to children and teachers in a number of ways. Each child can work at his or her own pace and level. ② There are specialized programs that take into account the user's errors and adjust the problems accordingly. ① Each child is getting one-to-one attention.
>
> ①文章を切り取る（Cut）
> 　まず、網掛けしたセンテンスをカットします。マウスで①の文頭にカーソルを持っていき、文末まで選択してハイライトさせたら、**Cut** ボタンをクリック。
> ②貼り付ける（Paste）
> 　次に、カットした文章を貼り付けたい②の位置にカーソルを置き、カーソルが点滅した状態で **Paste** ボタンを押します。文章は次のようになります。
> Each child can work at his or her own pace and level. Each child is getting one-to-one attention.
> ③1つの文章にする
> 　接続詞whileを使って2つのセンテンスをまとめます。これは手作業で行ってください。
> Each child can work at his or her own pace and level <u>while</u> each child is getting one-to-one attention.

このほか、**Copy** と **Paste** を組み合わせて、選択した部分を残したまま同じものを任意の場所に貼り付けることもできます。ただし、Microsoft Wordなどのワープロソフトで貼り付けたときのように、自動的にスペースが挿入されたり消えたりはしないので注意が必要です。Cut & PasteやCopy & Pasteを行った場合は、スペースの数が正しいかどうか

を確認してください。また、ある部分を Cut したあと、別の部分を Copy して Paste した場合、 Cut した部分は消えてしまいます。

これら初歩的なミスを犯さなければ便利な機能ではありますが、できれば使わずに済むアウトラインを最初に作り上げてほしいと思います。

Returnキー（Enterキー）の使い方

Returnキー（またはEnterキー）は、パラグラフ単位で改行するときだけに使ってください。多くの人が、タイプ画面の右端で1行ごとにReturnキーを押して改行しているようですが、これをすると、採点者にはとても読みづらい文章になってしまいます。おそらく採点者は、タイプ画面よりも広い画面で皆さんの解答を読むと思われますから、文章の右側に不要な余白ができてしまうのです。これが減点対象になるとは言い切れませんが、読みにくいことは確かです。

たとえば、p. 15の例文、第1パラグラフの場合、1行ごとに改行してあると、広い画面で見たときに次のようなイメージになります。

> Without a doubt computers have become
> indispensable in our society. This spread of
> computers has reached the classroom, not
> just to teach how to use a computer but to
> use a computer to teach. There are strong
> opinions on both sides as to the advisability
> of using computers to educate children.
> Here I will mention both benefits and
> drawbacks of computerized education.

タッチタイピングのすすめ

iBTでは語数制限が設けられていることもあり、タイピング能力は非常に重要です。限られた時間で指定の語数を満たせるよう、タッチタイピング（ブラインドタッチ）を身につけておくといいでしょう。

◆「F」と「J」のキーに注目

いつも触れているキーボードの「F」と「J」に小さな突起があるのを知っていますか。これはホーム・ポジションと呼ばれ、Fには左手の人差し指、Jには右手の人差し指を置くという目印なのです。筆者は最初に入った会社で貿易部に配属となり、1カ月にわたって毎日、始業前の30分間、タッチタイピングの練習を行いました。皆さんもタッチタイピングができるよう、教則本を使ったり上手な人に教わったりしてマスターしてください。

◆タッチタイピングのメリット
　タッチタイピングでなくとも、キーボードを見ながら入力すればよいのではないかと思う方も多いでしょう。しかし、これは間違いです。タッチタイピングには、次のメリットがあるのです。
①画面を見ながら入力できる
　キーボードは数字入力以外には一切見ません。そのため、画面を見ながら入力することができます。また、自分が作成したアウトラインを見ながら文章を打つことが可能です。
②スペルミスが減る
　難しいスペルはともかく、基本的な単語のスペルミスはほとんどといっていいほどなくなります。つまり、思考（頭）と指が一体化されるのです。そして、無駄な力を入れずにタイプするので、画面上の文章作成に集中できます。

◆求められるタイピング能力
　独立型問題で300語を書き上げるには、最低限、本書の解答例を10分以内にタイプする能力が必要だと考えてください。しかし、本試験では考えながらタイプするわけですから、それでもまだ十分とはいえません。約1000語を30分でタイプする能力が求められることになります。本書の例文を活用し、1カ月でそのレベルに達することを目標に練習してください。

基本的な文法事項

　ここでは、「数の一致」「時制の一致」を中心にエッセーを書くための最も基本的な文法事項について取り上げます。

◆数の一致
　主語と動詞の一致や、代名詞との一致などを指します。次の例文の間違いを見てみましょう。
　When we visited the United States, we <u>was</u> surprised to recognize that so many people with different <u>nationality</u> were living there.
①単複の間違い
　下線部のwasは、wereにしなければなりません。
②nationalityは複数形に
　ここでは「異なる国籍を持つ人々」という意味ですから、nationalitiesと複数形にしましょう。

◆時制の一致
　過去のことを話しているのに現在形にしたりする時制の間違いも、TOEFL受験者に頻繁に見受けられます。例文を見てみましょう。

When I underline{visit} the Picasso Museum, I underline{am} really impressed by the precise and meticulous drawings underline{he has made}.

①簡単なところ

　これは過去のことに言及した文章だと考えられます。したがって、下線部はvisitedやwasにしなければなりません。

②ピカソはもういない

　ピカソはすでに1973年に他界しているため、現在完了形を使うのは誤りです。he has madeは、he madeや、he createdのように過去形にしなければなりません。ちなみに、パリにあるピカソ美術館は正式にはthe Musée National Picassoですが、この程度の誤りは気にしないで書いてかまいません。

◆そのほかの文法事項

　iBTに文法のセクションはありません。文法能力は、このライティング・セクションとスピーキング・セクションで測られます。特に、ライティングの文法ミスは減点対象となりますから、大学受験レベルの基本的な文法事項を自分の力に合った参考書を用いてマスターしてください。

文法「間違い探し」クイズ

　筆者はテキスト・ライターとして10年以上、TOEFLテストの参考書や問題集を作成してきましたが、その過程でときおり日本人であることの限界を感じるとともに、「あ、やっちゃった」というようなミスをしてきました。そのような間違えやすいミスの実例を紹介します。以下の解答例にある誤りを見つけてください。

設問　映画はそれが制作された国の特徴を示す。具体例を挙げて答えよ。

解答例

I love to go to see a movies, especially those featured in the United States. One of my favorite movie is "Gone with the Wind," which depicts life during the South North War in 19th century America. The heroin is tough and could overcome the defeat of the war. I felt the frontier spirits of the American people as if they really were experiencing the Independence War. Now I will describe the toughness of American people thorough analyzing the movie.

この文章は、一見すると正しそうに思えますが、実は大きな間違いが7つもあります。文法的なミスから見てみましょう。

◆文法ミス
①go to see a movies → go to see the movies
　この場合、moviesは複数形になっているため、慣用的には定冠詞theが必要となります。あるいは、冠詞を外してgo to see moviesとするか、単数形のgo to see a movieにしましょう。
②One of my favorite movie → One of my favorite movies
「私の好きな映画の1つに」という意味にするため、movieを複数形にしなければなりません。
③the frontier spirits → the frontier spirit
　spiritを「気質を持った人、霊魂」などの意味で使う場合は、countable noun（数えられる名詞）です。しかし、「開拓者精神」を表す場合には、uncountable noun（数えられない名詞）となります。可算・不可算名詞の区分けは難しいので、さまざまな単語を辞書で調べて慣れることが大切です。

◆固有名詞の誤り
①the South North War → the Civil War
「南北戦争」という訳語自体に問題があると思うのですが、基本的に南北戦争は「内戦（civil war）」だと覚えておきましょう。アメリカの南北戦争を指す場合には、CとWを大文字にしなければいけません。そうしないと、内戦という一般的な意味になります。
②the Independence War → the American Revolution
　American War of Independenceであれば間違いにはならないのですが、アメリカの独立戦争をいう場合、一般的にはindependenceは用いません。なお、アメリカの「独立記念日」（7月4日）は冠詞をつけずにIndependence Dayとなります。

◆スペルミス
①heroin → heroine
「ヒロイン」は最後にeがつきます。heroinは「麻薬」なので気をつけてください。
②thorough → through
　勢いに乗ってタイプしてしまうと間違えやすい単語です。thoroughは「完全な、徹底的な」という意味。A thorough study is required to secure the safety of genetically modified crops.（遺伝子組み換え作物の安全性を確証する徹底的な研究が必要だ）のように使うのが、thoroughです。

◆duringとwhileの混同
　どちらも「～する間」（期間）を表しますが、duringは名詞（句）をともないます。たと

えば、
　While I was attending the class, my classmates teased me.
　（クラスにいるとき、クラスメイトが私をからかった）
　During the Second World War, my grandparents experienced the air raid on Tokyo.
　（第二次世界大戦中に、私の祖父母は東京大空襲を経験した）
　During the economic recession (the Great Depression) in the early 20th century, many people suffered from high unemployment.
　（20世紀初頭の不況時〈大恐慌時〉に、多くの人々は高失業率にさいなまれた）
　上記の用例はいずれも正しいのですが、うっかり「ある出来事」のときにwhileを使ってしまう人は少なくありません。次のような誤りです。
　I usually go to the library while the midterm exam.

和製英語と日本語の使用について

　筆者も間違うときがあるのですが、和製英語を知らず知らずに使ってしまう人は多いようです。たとえば、「あなたの国の過去100年で最も素晴らしい発明（品）は何ですか？」と聞かれたとします。これに「VTRが最も素晴らしい」と答えたら、採点者はとまどうはずです。英語では「VCR」になります。また、「television gameはすごい」も誤りで、「video game」が一般的。「私が尊敬する人はcameramanのAさんです」もphotographerに置き換えてください。cameramanは、通常映画などの撮影技師を指します。また、「私はcunning（カンニング）を嫌う」ではなく、cheatingが正解です。
　以前、筆者の塾の受講生に、日本の代表的な食べ物として「納豆」をそのままnattoと書いた人がいましたが、sushi、sashimiならともかく、nattoは通じないでしょう。One of the most important foods in Japan is "Natto," fermented soybeans.のように説明して書くべきです。
　つまり、自分の言いたいことを相手に押しつけるのではなく、納豆を知らない採点者でも理解できる説明をしなさい、ということです。「採点してくれてありがとう」と思うくらいの気持ちで、エッセーを書く練習をしましょう。心構えひとつで、練習の効果が上がり、得点が上昇するものです。

移行語句について

　移行語句（transitional words and phrases）とは、文章と文章をつなぐときに使う語句のことです。たとえば、日本語でいうと、「まず、第一に」「そのため」「さらには」などです。

◆等位接続詞など
　and、but、orなど、ライティングで一般的に使われる接続詞です。以下の例文では、理由づけを行うforが等位接続詞と見なされています。

When I visited Paris and Marseille, I encountered difficulties in communicating with French people. <u>For</u> I could not understand French, I started to learn French.

◆順番づけをするとき

次の例文のように、「多くの人が留学する理由は3つある。第一に〜」などと順序づけをするときに使う語句です。ここでは、firstlyからfinallyまでの言葉で順番をつけています。firstやsecond、thirdなども同様に使います。ただし、同じ文中ではどちらかに統一し、firstlyとsecondが混在するなどといったことは避けましょう。ほかに、first of allなどもこれに含められるでしょう。

There are some reasons for people to study abroad. <u>Firstly</u>, one can experience multicultural communication. <u>Secondly</u>, without having enough understanding of other cultures, we will not be able to cope with globalization. <u>Thirdly</u>, it is indispensable in aquiring the newest knowledge. <u>Finally</u>, one would be able to have a higher position in his/her organization if he/she obtained a higher degree in a foreign country.

◆考えを発展させるとき

以下の2文目で「さらに、外国語を習得することによって多くの文化を知りたい」とあるように、furthermoreを使って前に述べた考えを発展させています。moreover、further、additionally、in addition、alsoなども同様に使えます。なお、下線部のThusは「このようにして」の意味で、考えをまとめ上げるときに使います。

I want to master foreign languages, especially English. <u>Furthermore</u>, I will be able to learn about foreign cultures by understanding foreign languages. <u>Thus</u>, I believe that the United States is a preferable country because many foreign people live there.

◆疑問点や注意を加えるとき

howeverや、though、on the other hand、nevertheless、in spite ofなどのつなぎ言葉で、前の文で述べたことに疑問を呈したり、注意を加えたりします。以下の例文では、「生活の向上は重要だが、地球の温暖化なども考慮しなければならない」の「だが」が、これに当たります。

I believe that people should have an adequate living standard. <u>However</u>, facing rapidly accelerating global warming, we must think of other considerations.

◆結論を導きたいとき

「結論として、動物保護は重要である」のように、in conclusionを使うのが最も簡単でしょう。独立型問題では特に、Introduction（導入）からConclusion（結論）までの流れを持たせることが重要ですから、この用法はぜひ覚えてください。ほかに、in summary、to sum upなど、また広く考えれば、as a resultなども使えるでしょう。

<u>In conclusion</u>, we have to conserve endangered animals and plants. Otherwise, we

may not be able to survive.

語法の多様性について

　エッセーを書き慣れることで語法の多様性を身につけましょう。ライティング・セクションの採点基準の1つでもありますし、独立型問題では特にその力が要求されます。

◆さまざまな構文を試す
　「so that」「such that」「not only..., but also」などの基本構文をマスターしましょう。

◆仮定法を使いこなす
　If I were to take a one-week vacation, I would go to Fiji.のような仮定法過去の文章は非常に使いやすく、ライティングだけではなくスピーキング・セクションにも活用できます。ただし、仮定法は便利な半面、間違えやすいので、気をつけて使ってください。

◆同じ語句を繰り返さない
　統合型問題の章で詳しく説明しますが、「パラフレーズ」という手法を覚えましょう。同じ意味を表す文章や語句に変えるやり方です。

パンクチュエーション（句読点）について

　パンクチュエーション（句読点）の打ち方の決まりを覚えてください。

◆ピリオド（.）を忘れずに
　疑問符[？]や感嘆符[！]を使うとき以外は、ほとんどの場合、ピリオドで文章を終わらせます。当たり前のことですが、落とさないように気をつけましょう。

◆並列法にはカンマ（,）
　When I was a university student, I visited Canada, the United States, Mexico and Venezuela.　このように、目的格としての国名をいくつもつなげる場合にはカンマを使用してください。なお、最後のand Venezuelaの前にはカンマを入れないこともあります。

◆イコールはコロン（：）で
　I love to eat sweets: chocolate parfaits, cake and ice cream.　この例文では、sweets（甘いもの）の種類として、コロンのあとに、チョコレート・パフェ、ケーキ、アイスクリームが対等の関係で列挙されています。セミコロン[；]はイコールの関係ではありませんが、類似した内容を並列させるときに使うことがあります。

◆句読点の後ろはスペース1つ
　書いた文章を見直さずに提出する人に多く見られるミスが、ピリオドなどパンクチュエーションのあとのスペース落ちです。必ず半角1つのスペースを入れてください。1カ所の見落としならともかく、何カ所もあるようでは問題です。本試験の採点者は、スペルミスと同じような感覚で減点することでしょう。

ペーパー試験（PBT）のライティング

　TOEFLのPBT（ペーパー試験）は2010年1月現在では日本では行われていません。しかし米国を含む諸外国では定期的に行われています。ここに語学留学などをされてPBTを受験する方のためにPBT版ライティングの書き方と注意事項を述べておきます。なお、出題形式はTask 2の独立型問題のみとなります。

◆総合スコアとは別に採点
　ライティング・セクションのスコアは別採点となり、総合スコアとは分けて通知されます。0～6点の間で0.5点刻みの表示です。受験者の平均成績は4.5点程度といわれています。

◆読みやすい字で書く
　PBTのライティングは手書きです。読みにくい字で書かれた文章を採点することほど、採点者にとって辛いことはありません。読みやすい字で書く練習をしましょう。

◆活字体で書く
　上手な筆記体は非常にきれいなのですが、採点者にとっては読みにくいものです。活字体で書くようにしましょう。

◆裏面まで書く
　答案用紙は裏面まで使って書きましょう。表面だけだと、おそらく3点どまりの成績になるでしょう。裏面の半分程度まで使って書き、内容と語法の多様性があれば、4点以上が獲得可能だと思います。

Chapter 2

Keys to Success
Task 1 解法テクニック
[統合型問題]

- **26** Task 1統合型問題(Integrated Task)の流れ
- **32** 統合型問題の攻略法
- **41** 問題タイプ別 実践トレーニング

Task 1統合型問題（Integrated Task）の流れ

第1章でも見たように、Task 1では以下のような流れと時間配分で試験を行います。全体の指示文（Directions）が流される際の指示に従ってヘッドセットを装着したら、講義が終わり、設問の指示が出るまで外さないでください。拙著『改訂版 TOEFL®テスト学習法と解法テクニック』（アルク刊）に付属のCD-ROMで実際の試験と同じ流れを体験できますから、ぜひ活用して解答方法に慣れておくことをおすすめします。なお、Task 2独立型問題ではヘッドセットを着ける必要はありません。

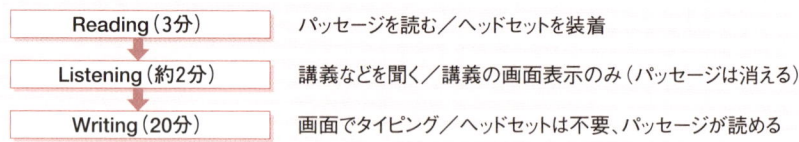

◆解答画面のイメージ

リスニングが終わると、コンピューターに以下のような画面が表示されます。上部に指示文と設問文、その下の左側にリーディング・パッセージ、右側にタイプ欄があります。左上には残り時間が表示され、皆さんがタイプした語数はタイプ欄の右上に示されます。なお、パッセージは250～300語ですから、画面をスクロールしないと読めません。

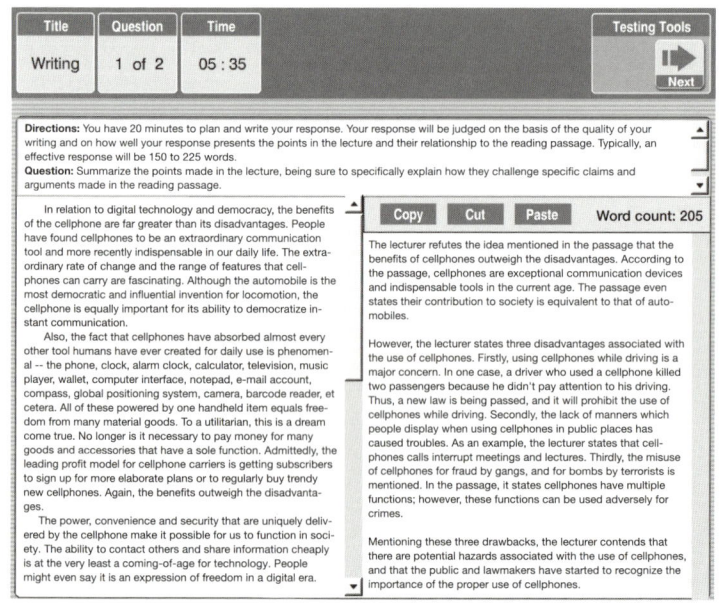

Task 1の出題形式

【1】パッセージを3分間で読む

　本試験では速読能力が重要になります。皆さんは最初の3分間でパッセージを読まなければならないからです。必ず、最後まで3分以内に読み終えてください。残り時間は秒単位でカウントダウンされます。リーディング・セクションで高い得点を上げられる人であれば、重要なポイントを2回読み返すことができるでしょう。

　パッセージを読みながらメモ書きをしてもかまいませんが、重要な語句を書き取るだけにしてください。パッセージの文意を把握することに集中しないと、講義を聞くときに失敗するからです。では、例題のリーディング部分を見てみましょう。

> 指示文
>
> **Directions:** You have 3 minutes to read the following passage. You may take notes if you like.
> （次のパッセージを3分間で読みなさい。メモ書きをしてもかまいません）

> パッセージ
>
> 　In relation to digital technology and democracy, the benefits of the cell phone are far greater than its disadvantages. ①People have found cell phones to be an extraordinary communication tool and, more recently, indispensable in our daily life. The extraordinary rate of change and the range of features that cell phones can carry are fascinating. ②Although the automobile is the most democratic and influential invention for locomotion, the cell phone is equally important for its ability to democratize instant communication.
>
> 　Also, the fact that cell phones have absorbed almost every other tool humans have ever created for daily use is phenomenal — the phone, clock, alarm clock, calculator, television, music player, wallet, computer interface, notepad, e-mail account, compass, global positioning system, camera, bar-code reader, et cetera. ③All of these powered by one handheld item equals freedom from many material goods. To a utilitarian, this is a dream come true. No longer is it necessary to pay money for many goods and accessories that have a sole function. Admittedly, the leading profit model for cell phone carriers is getting subscribers to sign up for more elaborate plans or to regularly buy trendy new cell phones. Again, the benefits outweigh the disadvantages.
>
> 　The power, convenience and security that are uniquely delivered by the cell phone make it possible for us to function in society. The ability to contact

others and share information cheaply is at the very least a coming-of-age for technology. People might even say it is an expression of freedom in a digital era.

[注] 文中の番号やアンダーラインは、パラフレーズによる解答テクニック(p. 35)の解説で参考にしてください。本番の試験では、このような表示はされません。

訳例

　デジタル技術と民主的社会に関していえば、携帯電話の長所は短所を大きく上回っている。人々は携帯電話をたぐいまれな通信手段で、最近に至っては、日常生活に欠かせないものだと考えるようになった。驚くべき変化の速さと携帯電話に搭載できる幅広い機能が人々を魅了している。自動車は移動手段として最も民主的で影響力を持つ発明だったが、携帯電話は即時通信を民主化したという点で、自動車と同じぐらい重要な発明なのである。
　また、携帯電話が、これまで人間が作り出してきた日常使う道具（電話、時計、目覚まし時計、計算機、テレビ、音楽プレーヤー、財布、コンピューター・インターフェース技術、電子手帳、メールアカウント、コンパス、GPS、カメラ、バーコード・リーダーなど）のほぼすべてを取り込んだのも、驚異的なことである。こうしたすべての性能が携帯機器１つに入っているために、いくつも製品を持つ必要がなくなった。功利（実用）主義者にとっては、夢が現実になったといえる。もはや、機能が１つしかない多くの製品や付属品にお金を払う必要はない。確かに、携帯電話会社にとって主な利潤モデルは、契約者をより複雑なプランに加入させたり、常に流行最先端の新型携帯電話を買わせたりすることである。それでもやはり、長所のほうが短所を上回る。
　携帯電話だけが提供してくれる性能、利便性、安全性のおかげで、私たちは社会生活を送ることができている。安価に他の人たちと連絡を取り、情報を共有する性能は、少なく見積もっても技術が一人前になっているということである。デジタル時代の自由の表現だと言う人さえいるだろう。

ナレーション

Now, listen to part of a lecture on the topic you just read about.
（皆さんが読んだトピックに関する講義の一部を聞きなさい）

【2】講義を聞く

　パッセージは消えます。そして、通常は講義の写真のみが表示されます。写真は意味を持ちませんから、講義に集中しながらできるだけ多くのメモを取ってください。パッセージは解答する際にもう一度見られます。しかし、講義は１回しか聞くことができないのです。しかも、この段階ではどのような設問が出されるか、まだわからないのです。
　それでは、リスニング部分のスクリプトを見てみましょう。

スクリプト

Professor:
　Until recently, the benefits of the cell phone seemed unquestionable. Their features and convenience seemed to outweigh any risks and potential

to be a nuisance. As of 2002, cell phones have rightly gotten the balanced attention they deserve. Sadly, it has taken a series of accidents to wake up the public and judicial system to the dangers of cell phones.

One of the most striking dangers involves cell phone use by drivers. A good example of this is the driver who wasn't paying attention because he was talking on his cell phone and collided with another car, killing two of the passengers. In another case, a pedestrian was run over by a train because he wasn't paying attention while having a conversation on his cell phone. Fortunately, a new law is being passed that will ban the use of cell phones while driving and fine the drivers unless a hands-free set is used. Insurance companies are similarly considering penalties for cell phone users who engage in cell phone use while operating moving vehicles. One could say cell phones have jeopardized our safety.

In addition to traffic safety concerns, the lack of manners associated with the use of cell phones in public places is gaining attention. Thoughtless chatter on mobilephones seems to fill the air because cell phones are incongruous with societies aiming for politeness. The ringing of cell phones regularly disturbs meetings and lectures.

Furthermore, crime carried out by cell phones is most alarming. Cell phones have been used in fraud schemes such as billing frauds by gangs, and in detonating assemblies by terrorists, because cell phones have multiple functions such as an alarm clock, global positioning system, and digital wallet. Clearly, the need to control the misuse and abuse of this technology is upon us.

訳例

　最近まで、携帯電話のメリットには疑いの余地がないと思われていました。その機能と利便性は、危険性や迷惑なものになる可能性に勝っていると考えられていたのです。2002年の時点では、携帯電話はそれ相応の公正な注目を浴びていました。残念なことに、一連の事故により、一般大衆と司法制度は携帯電話の危険性を悟ることとなりました。

　特筆すべき危険性の1つが、ドライバーによる携帯電話の使用です。わかりやすい例として、携帯電話で話をしていたために注意を怠ったドライバーがほかの車に衝突し、2人の命を奪ってしまった事故が挙げられます。また、携帯電話で話をしていた歩行者が不注意から電車にひかれるという事故もありました。幸い、運転中に携帯電話を使用することを禁じ、ハンズフリーセットを使っていないドライバーには罰金を科すという新しい法律が可決されようとしています。保険会社も同様に、走行車両を操作しているときに携帯電話を使用するユーザーに対して罰則を科すことを検討しています。携帯電話が私たちの安全性を脅かしたともいえるでしょう。

　交通安全に対する懸念に加え、公共の場での携帯電話の使用に関するマナーの欠如が注目を集めています。無神経なおしゃべりが蔓延しているように思えるのは、携帯電話が礼儀正しさを目指して

いる社会とは不釣り合いだからです。携帯電話の着信音は常に会議や講義の邪魔になっています。
　さらに、携帯電話を使った犯罪には最も警戒感を覚えます。携帯電話には目覚まし時計、GPS、電子マネーなど多くの機能があるため、暴力団による振り込め詐欺やテロリストによる起爆装置などにも使われてきています。明らかに私たちは、携帯電話技術の悪用や乱用を規制する必要性に直面しています。

【3】指示文と設問文、パッセージの表示

講義が終わると、設問に関する指示が流れます。そして、パッセージが再び左側に表示され、右側には解答を書き込むタイプ欄が現れます。設問指示が長い場合はスクロールバーを使って最後まで読み、設問内容をしっかりと理解するようにしてください。

指示文

Directions: You have 20 minutes to plan and write your response. Your response will be judged on the basis of the quality of your writing and on how well your response presents the points in the lecture and their relationship to the reading passage. Typically, an effective response will be 150 to 225 words.
（20分で解答を書き上げなさい。解答は、ライティングの質と、講義内容とパッセージの関連について正確に述べているかどうかによって採点されます。よい解答には通常、150〜225語が必要です）

設問

Question: Summarize the points made in the lecture, being sure to specifically explain how they challenge specific claims and arguments made in the reading passage.
（講義で述べられた内容を要約し、リーディング・パッセージで述べられた特別な意見や議論にどのように明確に異議を申し立てているのかを説明しなさい）

解答例

The lecturer refutes the idea mentioned in the passage that the benefits of cell phones outweigh the disadvantages. According to the passage, cell phones are exceptional communication devices and indispensable tools in the current age. The passage even states their contribution to society is equivalent to that of automobiles.

However, the lecturer states three disadvantages associated with the use of cell phones. Firstly, using cell phones while driving is a major concern. In one case, a driver who was using a cell phone killed two passengers because he didn't pay attention to his driving. Thus, a new law is being passed, and it will prohibit the use of cell phones while driving. Secondly, the lack of manners which people display when using cell phone in public places has caused troubles. As an example, the lecturer states that cell phone calls interrupt meetings and lectures. Thirdly, the misuse of cell phones by gangs for fraud, and by terrorists for bombs is mentioned. In the passage, it states cell phones have multiple functions; however, these functions can be used adversely for crimes.

Mentioning these three drawbacks, the lecturer contends that there are potential hazards associated with the use of cell phones, and that the public and lawmakers have started to recognize the importance of the proper use of cell phones.

> 要約

　パッセージには、携帯電話には短所より長所のほうが多いと書かれていますが、教授はその考えに反論しています。パッセージは、携帯電話は優れた通信機器で、現代には欠かせない道具であり、社会にもたらす貢献度は自動車に匹敵するとさえ述べています。

　それに対して、教授は携帯電話の使用に関する問題を3つ挙げています。まず、運転中の携帯電話の使用。死亡事故も起こっています。そこで、運転中の携帯電話の使用を禁じる法律が可決されつつあります。次に、マナーの欠如。携帯電話が会議や講義の妨げになっています。3番目に、暴力団やテロリストによる携帯電話の悪用。携帯電話が持つ数多くの機能が、逆に犯罪に利用されうるのです。

　教授は、携帯電話の使用がこれからも危険を引き起こす可能性があり、一般の人々と政治家がその適切な利用についての重要性を認識し始めた、と主張しています。

【4】20分で書き上げ、Task 2へ

　設問が出されてから20分後、皆さんが解答を書き終わっていなかったとしても自動的にTask 1は終了します。そして、Task 2の独立型問題に突入します。時間表示を見ながら、しっかりと最後まで書き上げてください。

統合型問題の攻略法

それでは、どのようにしてこの統合型問題を攻略すればよいかを考えましょう。ここでは、前掲の例題と解答例を参考にしながら説明していきます。

【1】 出題パターンを知る

本書では、設問形態を①反論タイプ問題（Challenge Type）、②補完タイプ問題（Complement Type）、そして、③解答タイプ問題（Answer Type）の3つのパターンに大まかに分類しました。まず初めに、これらの出題パターンを知ることから攻略法を身につけましょう。

◆反論タイプの問題（Challenge Type）

反論タイプ問題は、パッセージと講義が、ある事柄に関して互いに異なる見解を述べるものです。解答は、講義内容を中心にして書く場合が多くなると思います。このタイプは、3つの中では比較的解答しやすいものです。なぜなら、パッセージの見解を否定する語句や内容が講義に含まれているからです。実際、本試験でこのパターンに出合った筆者の塾の生徒たちは、比較的高い得点を獲得しています。

◆補完タイプの問題（Complement Type）

パッセージ内容を強めたり、追加情報を書いたりする問題です。このタイプの問題は非常に難易度が高い場合があります。解答を書くときに、パッセージと講義内容を上手に対比させないと高得点は望めません。

◆解答タイプの問題（Answer Type）

解答タイプの問題は、パッセージで提示された疑問に対して、講義でその答えを提示するものです。本書には、これとは逆に講義で問題点を述べ、パッセージにその解答が示唆されるというパターンの例題も含めました。このタイプも比較的やさしい問題といえますが、リスニングの能力が問われるので気は抜けません。たとえば、講義で3点の解決法が示されるとした場合、それを3つとも書かない限り高得点には結びつかないのです。

【2】 メモ書きを活用する

統合型問題では、講義を聞きながら、いかにポイントを押さえたメモを取るかが、高得点への重要な鍵を握ります。もちろん、パッセージを読むときもメモ書きをしますが、これについては講義のリスニングに備えた基本情報の確認と考え、文意把握を最優先課題にしてください。また、パッセージは解答をタイピングする際にも読むことができるため、最小限のメモ書きに留めてかまいません。

たとえば、例題のパッセージと講義の場合、次のようなメモ書きをします。

> **パッセージのメモ**
>
> cellphone: benefits > disadvantages
> many handheld items
> trendy → change to new one

> **講義のメモ**
>
> cellphone → until 2002 good
> driver: killed two passengers
> pedestrian: train ran over
> addition: manner in public place ≠ politeness
> further: crime = fraud by gang; デトネーティング by terrorist
> due to multiple functions: alarm, GPS, wallet
> → control misuse, abuse

【3】時間配分を考える

　設問に沿ってタイピングを始める前に、解答全体の構成プランを考えなければなりません。統合型問題では、独立型問題よりも多くの時間をこの文章構成の時間に充てるべきです。20分の解答時間の理想的な時間配分を考えましょう。

メモを基にした文章構成	5分
解答のタイピング	12分
文章の見直し	3分
合計	20分

【4】メモを基に文章構成を練る

　独立型問題では、一度でも見聞きしたことのあるテーマであれば、比較的楽に文章構成を考えることができます。しかし、統合型問題では、パッセージに書かれたことと講義内容とを比較検討することが重要となるため、難易度がぐんと高まります。文章構成を考えるときには、講義を聞きながら書き取ったメモとパッセージを何度も見比べましょう。
　それでは、前掲のメモ書きを基に例題の文章構成を考えてみます。

> **パッセージのメモ**
>
> cellphone: benefits > disadvantages → not true
> ③' handheld item → free from many
> trendy → change to new one

> **講義のメモ**
>
> cellphone → until 2002 good
> ① driver: killed two passengers
> pedestrian: train ran over
> ② addition: manner in public place ≠ politeness
> ③ further: crime = fraud by gang; デトネーティング by terrorist
> ③' due to multiple functions: alarm, GPS, wallet
> → control misuse, abuse

◆解答のポイント

この例題は、反論タイプ型の問題です。パッセージに述べられた内容に対して講義で反対の見解を示していることを念頭に、以下のポイントに着目しましょう。これらのポイントをまとめたものが解答例となるわけです。

💡 Point 1　パッセージ内容の把握

「携帯電話って、いいよね」というのが全体の文意です。その具体的な根拠は以下のようにまとめることができます。

ⓐ 情報伝達手段
　情報伝達手段として日常生活に不可欠な発明であり、自動車と同等の影響力を持っている。
ⓑ さまざまな機能を持つ
　電話機能だけでなく、目覚まし、電卓、テレビ、音楽プレーヤー、カメラ、GPSなどさまざまな機能を持つ。
ⓒ 新製品と新機能が続々と
　最新機種にはさまざまな機能が付加される。また、ほかの人々との情報共有手段であり、あらゆる社会的生活を民主化している。

💡 Point 2　講義内容の把握

　一方、講義では携帯電話によるさまざまな弊害を指摘しながら、何らかの規制が必要

ではないかと警鐘を鳴らしています。以下のようにメモ書きに番号を振って、アウトラインとなるようなまとめ方を考えましょう。

ⓐ機能は素晴らしい
　携帯電話が素晴らしい機能を持っていることは疑いがない。
ⓑ運転時の危険性
　①で車を運転中、携帯電話に気を取られて死亡事故を起こした例があると述べる。そのため、運転時の使用を禁止する法律の立法化が進んでいる。
ⓒ使用者のマナーが悪い
　②で会議中に携帯電話の着信音が響き渡るなど、マナーの悪さが問題視されていることがわかる。それが公共の場での注意事項になっている。
ⓓ犯罪を引き起こす
　③と③'で振り込め詐欺（billing fraud）、起爆装置（detonating assembly）としての使用など、携帯電話の多機能化による危険性が高まっていることを示す。

【5】パラフレーズを練習する

　パラフレーズ（paraphrase）とは、述べられていることをそのまま転用するのではなく、別の言葉に置き換えることをいいます。パッセージや講義に出てきたセンテンスやフレーズをそのまま解答に書くと減点対象となりますから、20分間の解答時間中、左側に表示されるパッセージの内容を適宜パラフレーズすることが大切です。
　では、例題を見ながらパラフレーズを実践してみます。高得点を目指すために、パラフレーズの重要性を理解してください。また、パラフレーズを行いながら、長い文章を簡潔にまとめることも学びましょう。
［注］p. 27に掲載した例題パッセージの番号やアンダーラインを参照してください。

①携帯電話の効用を述べている箇所
　［パラフレーズをしていない例］
　The passage states that people have found cell phones to be an extraordinary communication tool, and indispensable in our daily life.

　［パラフレーズの例］
　The passage states that cell phones are exceptional communication devices and crucial to our current society.

　変換ポイント

　パラフレーズにより、センテンス全体を書き換えたほか、主に3つの単語を変更しました。単語の変換は、皆さんもリーディング・セクションの同義語選択で慣れていると思いま

す。もちろんほかの方法もありますが、同義語選択問題を解くつもりで行えばよいのです。

　　extraordinary　　→　exceptional, remarkable, wonderful
　　tool(s)　　　　　→　device(s), instrument(s)
　　indispensable　　→　crucial, essential, vital

②携帯電話と自動車を比較している箇所
［パラフレーズをしていない例］
According to the passage, although the automobile is the most democratic and influential invention for locomotion, the cell phone is equally important for its ability to democratize instant communication.
　　　↓
［パラフレーズの例］
According to the passage, automobiles provide the most innovative mobility, but cell phones are also important to realize prompt communication.

| 変換ポイント |

今度は、文章構造のパラフレーズに目を向けてみました。althoughの構文から単純なbutを用いた文章へと変えることで、かなり簡略な内容となっています。簡潔に自動車の効能を述べたのが、色の付いた部分です。ここでは、automobileもcell phoneも複数形に変えました。ほかにも以下の語句を置き換えています。

　　influential invention for locomotion　　→　　innovative mobility
　　democratize instant communication　　　→　　realize prompt (easy) communication

③長い内容をコンパクトにまとめる
　長い内容をそのまま書くと、語数制限を超える可能性があります。コンパクトにまとめ、かつ、内容をある程度反映させるパラフレーズを行ってみましょう。p. 27の③のアンダーラインを引いた箇所を短くまとめてみます。

［例1］
Cell phones incorporate many functions in them, so that people no longer need to buy items that have only one function.
元の文章をなるべく生かした形でまとめました。

［例2］
Handheld cellphones carry many functions.
元の文章は残さず、ただ「多くの機能を持つ」ことだけを述べました。このように、かなり簡潔な文章にまとめると、比較対照しやすくなる場合があります。

【6】書き出しを工夫する

　統合型問題では、独立型問題とは異なり、[Introduction → Body → Conclusion]ときれいに流れる文章を作ることは要求されません。しかし、受験者は「設問内容を理解している」ことをはっきりと示す必要があります。また、要求される語数が150語から225語と短いため、「書き出し(First Line)」が重要となります。例題を基に具体例を挙げながら、どのような書き出しが有効なのかを考えてみましょう。

◆反論タイプ問題
　パッセージに対して講義で反論する、または、その逆のパターンとなります。p.30の解答例を用いて書き方を学びましょう。

　The lecturer <u>refutes</u> the <u>idea</u> mentioned in the passage that the benefits of cell phones outweigh the disadvantages.

　このように「refute(誤りを証明する、論破する)」という非常に強い語句を用いました。ほかの書き方も挙げておきます。本書巻末の「統合型問題に活用できる語句」も参考にしましょう。

　The lecturer <u>challenges</u> the <u>notion</u> that the benefits of cell phones outweigh the disadvantages.

　The lecturer <u>contends</u> the <u>point</u> that the benefits of cell phones outweigh the disadvantages.

　While the reading passage <u>addresses</u> the benefits of cell phones, the lecturer <u>expresses</u> concerns over cell phone use.

　The lecturer <u>questions</u> the <u>notion</u> that the benefits of cell phones outweigh the disadvantages, as <u>cited</u> in the passage.

◆補完タイプの問題
　①パッセージ内容を強めるもの、②付加情報を加えるもの、の2種類があります。簡単な例題を見てみましょう。ここでは、パッセージで「ある区域では、ホッキョクグマの個体数の減少が見られる」と述べ、講義では「地球の温暖化と汚染物質が食物連鎖に与える影響により、極地での生態系が脅かされている」と展開させたと仮定します。これを基に、次のような書き出しを考えました。

　The lecturer <u>suggests</u> that the decline in polar bear populations has been caused by both global warming and pollutants.

　The lecturer <u>cites</u> examples of the worsened ecosystem in the polar regions.

The lecturer <u>asserts</u> that the causes of decline in polar bear populations, as stated in the passage, are due mainly to global warming and pollutants.

The largest <u>issues</u> affecting the decline in polar bear populations are global warming and pollutants.

The lecturer <u>regards</u> the decline in polar bear populations mentioned in the passage <u>as</u> being caused by global warming, and pollutants in the food chain.

◆解答タイプの問題

　一般的にはパッセージで問題が提示され、それに対して講義で解答を示します（本書の例題では逆のパターンも想定して出題しています）。
　次の書き出し例を見てください。パッセージでは「魚などの海洋資源が減少している。それは、乱獲などによるものだ」と問題を提起し、講義で「魚の養殖や漁獲割り当て、そして、人々の意識変革が重要である」と対策を述べたとします。

<u>According to the lecturer,</u> there are <u>some remedies to solve</u> the overfishing problem mentioned in the passage.

The lecturer <u>provides</u> three solutions for the issue of overfishing which is mentioned in the passage.

The lecturer <u>contends</u> that the problem of overfishing raised in the passage will be solved by the following policies.

The lecturer <u>suggests</u> that the following policies will help solve the excessive fishing problem which is stated in the passage.

The lecturer <u>expresses</u> that the following actions are important to solve the overfishing problem cited in the passage.

　これらの例文をよく読んでほしいのですが、「解決策（solutions）」という語句に対して、いくつかの言い換えをしていることがわかるでしょうか。たとえば、remedies、actions、policiesなどです。
　このほかにもさまざまな書き出しの方法がありますが、最初に、上記のパターンを覚えてください。そして、余力がある人は、独自の書き出しを工夫してみるといいでしょう。たとえば、次のような書き出しも効果的です。

The lecturer <u>is worried about</u> the abuse of marine ecosystems, so she <u>mentions</u> some ways to save life in the ocean.

◆悪い書き出しの例

決して曖昧な書き出しを行ってはいけません。採点者が「何を言いたいのだ」と思うような書き出しでは得点が低くなるでしょう。次のような書き出し方です。前出の「解答タイプ」の問題を使います。

> The lecturer contends that overfishing will continue and can be solved through various methods, but at the same time, she says that it will be difficult to achieve them unless we change our way of thinking.

文章の説得力も弱いように思えます。たとえ講義の中で、「最終的には人々の意識変革が必要だ」と言ったとしても、それも一つの解決策だ、と考えてください。設問が求めている「解決策」をはっきりと示す書き出しが重要なのです。

【7】「やってはいけない」注意事項

　ライティング・セクションは、皆さんが留学先の授業についていけるか、そして、小論文などの課題で適切な文章を書けるかどうかを試すためのテストです。アメリカやカナダの大学・大学院では、高度なライティング能力が要求されるのです。ここでは、統合型問題で犯してはならない過ちを述べることにより、よりよい解答を書くための参考にしてほしいと思います。

◆自分の意見を出してしまう

　統合型問題は、客観的なアカデミック・ライティングの力を測ることを目的に、読んで、聞いて、書く、という3つの能力を測る試験です。そのため、Task 2の独立型問題とは異なり、解答に自分の意見を入れてはいけません。あくまでも、読んで、聞いた内容をまとめるのです。

[悪い例]
　パッセージで、「熱帯雨林では森林伐採によって多くの動物が絶滅の危機に瀕している」と述べられたとします。これを受けて講義では、「森林伐採を削減する方法には、焼き畑式農法をやめ、木材の代替資源を有効活用するのがよい」と指摘しました。それに対して、自分の意見を出してしまった解答例です。

> As stated in the passage, many animals have faced extinction because of deforestation. In the lecture, the professor states that people should stop conducting the slash and burn agricultural method and use alternative sources to save forests. However, I recommend a much better way to solve this problem. We have developed the breathtaking genetic engineering. By using cloning technology, we can save those endangered animals in the tropical forests.

これはひどい例です。講義ではそのようなことには触れられていないにもかかわらず、「遺伝子工学によるクローン技術を使えば、熱帯雨林の絶滅危険種を守ることができる」と述べているのです。客観性が求められる統合型問題では、決してこのような「自分の意見」を入れてはいけません。たとえパッセージや講義で取り上げられた分野に詳しい受験者が、「自分の意見や学会発表などと違うのでは？」と思っても、直してはいけないのです。あくまでも、これは試験です。統合型問題は、自分の意見を述べる場所ではありません。

◆指定語数を守らない
　力のある受験者ほど、指定語数を大幅に上回って書く傾向があります。統合型問題の指定語数は150語から225語程度に決まっています。これは守らなければなりません。たとえば、リーディング・セクションとリスニング・セクションで高得点を取った筆者の塾生が、ライティングでは低い点しか取れなかったことがあります。独立型問題では4.0 - 5.0の点がついていますので、文法能力やライティング能力が低いわけではありません。そこで「何語くらい書いた？」と聞いたところ、300語ほど書いたというのです。

　統合型問題では、アカデミック・ライティングの能力として、指定語数を守って書くことができるかどうかも試されると思ってください。入学出願時の応募書類の1つである「Statement of Purpose（志望動機説明書）」でも、語数が指定されている場合が多いのです。また、実際に留学すると、宿題のペーパー（小論文）では「double space（1行おきの行間）で5枚以内」などの指定があります。筆者は留学中に、5枚指定のところを10枚で提出したことがありますが、教授からのコメントには"Good understanding, but too LONG!!"と書かれてしまいました。それで、評価がAマイナスになったのを覚えています。語数を下回ってはいけませんが、上回ってもダメなのです。

◆パッセージの文章をそのまま写す
　パッセージに書かれているセンテンスやフレーズをそのまま用いて解答を書いてはいけません。p. 35の「パラフレーズ」の項目をよく読んで、言い換えの練習をしましょう。

◆設問内容を無視する
　設問文はよく読んで、何が問われているのかを理解する必要があります。反論なのか、強めるのか、解決策を書くのか、をしっかり考えるのです。あせって、講義を聞き終えると同時にタイピングを始める受験者が多いのですが、これは大きな誤りです。難易度が高い統合型問題に対しては、書き始める前にしっかりとしたアウトラインを作り上げることが重要なのです。

問題タイプ別 実践トレーニング

　前項で説明した3つの出題パターン（反論タイプ、補完タイプ、解答タイプ）ごとに例題を使って答案作りに取り組んでみましょう。
　まず、本書に付属のCDと、筆記具、時計を用意し、パソコンを立ち上げてタイプできる状態にしてください。

例題1　反論タイプ（Challenge Type）

リーディング

Directions: You will have 3 minutes to read the passage. You may take notes if you like.
（3分間で次のパッセージを読みなさい。メモを取ってもかまいません）

　When a company develops a new medicine, they apply for patents to protect their research and development and ensure that they can reap profits without the threat of another company copying their product. As soon as a medicine comes off patent, generic versions of the drug are introduced by other companies. Generic drugs are inevitably cheaper because they did not require heavy upfront costs to develop, test or advertise. Generic drugs have become big business.

　The sale of generic drugs totaled $18 billion in 2004. In that same year, the Israeli generic manufacturer Teva Pharmaceuticals accounted for nearly $5 billion of those sales. In late 2005, the German manufacturer Sandoz, reported $3 billion in sales in 2004. This has prompted large pharmaceutical companies, makers of name brand prescription medicine, to look to acquire low-cost generic drug makers.

　Currently, the global market for name-brand medicine is $300 billion, with half of the profit stemming traditionally from the American market. Generic drug companies have been the target of mergers and acquisitions. Competition from Canada, India and Eastern Europe has combined with a market largely composed of elderly people on a fixed income to challenge the large pharmaceutical companies. Generic drugs have become the best solution to rising health care costs in the United States. The tremendous sales growth of generic drug companies began between 2003 and 2004 when the patents ended for certain name-brand antibiotics and antidepressants. This has allowed generic manufacturers to identify and capitalize on a market opportunity worth tens of billions of dollars per drug.

リスニング

メモ欄

指示文

Directions: You have 20 minutes to plan and write your response. Your response will be judged on the basis of the quality of your writing and on how well your response presents the points in the lecture and their relationship to the reading passage. Typically, an effective response will be 150 to 225 words.

（20分で解答を書き上げなさい。解答はライティングの質、講義内容とパッセージの比較を正確に述べているかどうかにより採点されます。よい解答には通常、150〜225語が必要です）

設問

Question: Summarize the points made in the lecture, being sure to contrast the points made in the reading.

（講義で述べられたポイントを要約しなさい。なお、パッセージで述べられているポイントと対比させなさい）

訳例とスクリプト

[パッセージの訳例]

　企業は新薬を開発すると、特許を申請して研究開発内容を保護し、他社にその製品を模倣されるのを懸念することなく、確実に利益を上げられるようにする。医薬品は特許が切れるとすぐに、そのジェネリック版が他社から発売される。ジェネリック医薬品は開発、試験、宣伝にかかる多額の先行投資を必要としないため、必然的に割安になる。ジェネリック医薬品は大規模なビジネスに成長した。

　ジェネリック医薬品の2004年の売上高は、合計180億ドルであった。その年、イスラエルのジェネリック医薬品メーカーであるテバ製薬が、そのうちの50億ドル近くを占めた。2005年後半には、ドイツのメーカー、サンド社が2004年の売上を30億ドルと報告している。これが引き金となり、有名ブランド処方薬のメーカーである大手製薬会社が、コストが安いジェネリック医薬品のメーカーを吸収しようと動き出したのだった。

　現在、有名ブランド医薬品の世界市場は3000億ドルで、長年そうであったようにその利益の半分はアメリカ市場から生み出されている。ジェネリック医薬品メーカーは吸収合併の標的とされてきている。カナダ、インド、東ヨーロッパの競合他社の存在とともに、ある一定の決められた収入で生活している高齢者が市場の大半を占めることが、大手製薬会社にとって難題として浮上した。そこで、ジェネリック医薬品がアメリカの医療費増加問題に対する最善の対策になったのである。ジェネリック医薬品メーカーの売上が激増したのは、ある有名な抗生物質と抗うつ剤の特許が切れた2003年から2004年の間からだった。これにより、ジェネリック医薬品メーカーが台頭し、1種類の医薬品につき数百億ドル規模の市場に資本投下することができたのである。

[講義のスクリプト]

Narrator:
Now listen to part of a lecture on the topic you just read about.

Professor:
　The fastest-growing part of our health care bills is prescription drugs. Why are patients paying more when we have so much technology and the ability to lower the costs of medical treatment and care? For one, we come across advertisements by the pharmaceutical industry in America all the time.

　Prescription drugs are part of everyday life for many — the elderly, the sick and those with chronic conditions. Prescription drugs are expensive, but their brand name represents value. Pharmaceutical manufacturers claim that research and development costs are the reason behind the high costs of innovative medications. Until it became obvious how much the pharmaceutical industry had been earning, doctors, pharmacists, patients and industry regulators shrugged off the high costs of medicine.

　The benefits of a longer and better life that could avoid future medical care were considered justification of the high cost. Name-brand manufacturers have gone to great lengths to encourage doctors, hospitals and pharmacies to promote expensive medications to patients. Prices for a number of patented prescription drugs have gone up. The corresponding rationale is either that price is factored by quality or the company needs more money for research.

According to a conservative estimate, Americans are spending approximately $180 billion a year on prescription drugs. The real numbers are much higher. The implication is people are taking a lot more prescription medicines than in the past. More drugs are available for heart, blood or mental conditions than were imaginable in the 1960's and 70's. A large part of the American population is getting older, and most have been told by advertisers and doctors that even most minor conditions should be medicated. Senior citizens are the ones who need prescription drugs the most, but they are seeing little benefit because of prohibitively high costs. This accounts for many cases of improper treatment because patients skip their medication in order to save money.

[講義の訳例]

医療費のうち、最も急速に増えているのは処方薬です。世の中には医療費を下げる多くの技術と能力があるにもかかわらず、患者はなぜこれまで以上のお金を払っているのでしょうか。理由の1つとして、アメリカにおいて私たちが常に製薬会社の広告に出くわすことが挙げられます。

処方薬は、高齢者、病人、慢性病患者など、多くの人々にとって日常生活の一部です。処方薬は高価ですが、そのブランドに価値があります。製薬会社は、画期的な医薬品が高コストなのは研究開発費がかかると主張します。医薬品会社がどれくらい稼いでいたかが明らかになるまでは、医者も薬剤師も患者も業界の監督機関も、医薬品が高いことについては受け流していました。

将来医者の世話にならずにすむような、より長く健康な人生を送れるという利点が、高い価格に対する正当な理由だと考えられていました。有名ブランドのメーカーは、あらゆる手段を使って、患者に高価な医薬品を売るよう、医者、病院、薬剤師に働きかけてきました。特許期限内にある多くの処方薬が値上がりしました。これに対応する論理的根拠とは、価格は品質によって決まる、もしくは、製薬会社は研究にさらに多くの資金が必要だというものでした。

ある控えめな見積もりによれば、アメリカ人は処方薬に年間およそ1800億ドル使っているとされています。実際の数字はそれをかなり上回ります。これはつまり、以前に比べて非常に多くの処方薬を人々が服用しているということです。心臓、血液、精神の病気に対する処方薬は、1960年代や70年代には想像できなかったほど多くの数が出回っています。アメリカ国民の多くが高齢化し、そのほとんどの人たちが広告主や医者に、どんなに些細な症状にも薬を使ったほうがいいと言われた経験があります。高齢者こそが最も処方薬を必要としているのですが、価格がきわめて高いためにほとんど恩恵を受けていません。こうして、(高齢者の)患者がお金を節約しようと薬を飲む回数を減らすがために、多くの不適切な治療が行われるような実態を招いているのです。

解答例

① <u>The lecturer states that American people, especially the elderly, are faced with high-cost medication. Pharmaceutical companies promote new drugs, and doctors prescribe high-cost medicines even for minor diseases.</u> Thus, the amount spent on medicine has surged to more than 180 billion dollars on prescription drugs alone. Many elderly cannot afford the prescribed drugs due to their high price, and this leads to them not being treated properly. ② However, according to the reading passage, there is a solution to this problem: an increase in the use of generic drugs. Because generic drugs are already off-patent products, the cost of producing them is relatively low. This explains why the sale of off-patent medicines is rapidly increasing, as stated in the passage.

③ The lecturer points out the following reasons to explain the high cost of name-brand medicine: high research costs and innovative medication. Doctors and patients are encouraged to use name-brand medicines. ④ To cope with rising medical costs, the passage suggests that the advance of non-brand medications is a welcome solution for those who cannot afford the high cost name-brand prescriptions.

（190語程度）

［要約］
　教授は、アメリカ人は薬が高くて困っていると言っています。製薬会社が新薬を販売し、医者が高価な薬を処方するため、医療費が高騰してしまいました。高齢者の中には、この負担に耐えられない人も多く、それゆえ、適切な治療を受けられないでいます。こうした状況に対する解決策が、リーディング・パッセージに述べられています。ジェネリック医薬品の使用が増えていることです。特許が切れている薬なので、比較的安く製造でき、そのために、売上が急増しています。
　教授が指摘するには、有名ブランドの医薬品が高いのは、研究開発費が高く、画期的な薬だからです。医者や患者はそうした薬を使うように勧められます。パッセージには、有名ブランドの処方薬が買えない人にとって、ジェネリック医薬品の使用が広がるのは望ましいことだと書かれています。

解説と採点基準

［難易度］★★（中レベル）

　この問題は設問ではcontrast（対比せよ）と指示していますが、解答タイプに近い解答となりました。一般的に、リーディング・パッセージと講義を対比させる設問は、比較的やさしいといえます。この例題では、パッセージの「パテント切れの薬」と、講義の「パテントのある高額の薬」を対比させています。

◆メモ書きの例
　最初に、パッセージ内容と講義内容のメモ書きを見ましょう。そして、解答を書くためのアウトラインを作成します。

```
[パッセージのメモ]
 解決   ③generic drug = off-patent ↑ → big business
 理由   ④cheap
 結果   ②medical cost ↑

[講義のメモ]
 結果   ②health bills ↑  pharmaceutical industry
 現象   ①prescription drug = high cost ← R&D → 180 million
 結果   ②elderly = give up → not well treated
```

　実際には、このように現象、結果、理由、そして、解決などと書く必要はありません。横に書いてある、①、②、③などの番号づけで文章構成を組み立てればいいのです。

◆解答のポイント
　この問題が少し難しいと感じられるのは、パッセージのほうで高額医薬品に対する対処を述べていて、講義では高額医薬品の現状を述べているからです。逆の立場であれば、比較的楽に書けるのではないかと思います。

❗ **Point 1**　設問をよく読む
　対比させる問題では、"cast doubt" "contradict" "contrast with"などの語句が用いられます。これらの語句を見つけたら、「対比する設問形態」だと考えましょう。

❗ **Point 2**　対比のポイントを明確に
　ブランドものとパテント切れの薬というはっきりした対比を、講義とパッセージで述べています。その対比するポイントを明確に記述することが重要です。

❗ **Point 3**　パッセージと講義を明確に区分けする
　ポイント1で指摘した対比箇所を「講義では」「パッセージでは」こう述べている、とはっきり区別することにより、採点者は皆さんの意図を容易に理解することができます。

❗ **Point 4**　解決策を述べる
　社会的な問題に関するトピックの場合は、講義あるいはパッセージで必ず解決策を述べているはずです。その解決策を解答でも指摘することが重要です。この例題では、パテ

ント切れの薬が医療費の高額化を抑え、高齢者患者に恩恵を与える、ということがパッセージで述べられています。

◆採点基準

| 問題点を提示する |

　下線部①の高齢者医療などに問題がある点を、処方薬のコスト上昇の観点から書いてあれば、1点が与えられます。なお、③の新薬の費用が高いことの理由づけがある程度なされていることが重要です。この点が述べられていれば、さらに1点与えられる可能性があります。

| ジェネリック医薬品と解決策 |

　下線部②と④にある、ジェネリック医薬品が高額医療費を防ぐことができること、また、一般的治療にはジェネリック品で十分であることを書いていれば、2点が与えられます。

| スペルミスが少なく文法的に正しいこと |

　ライティングの基本は、スペルミスが少なく、文法的に正しいことです。パッセージと講義の対比がきれいにできたとしても、文法的な間違いがあれば点数は伸びません。文法的に正しい文章であり、かつ、論理的にまとまりがある文章であれば2点加算されます。

例題2　補完タイプ（Complement Type）

リーディング

Directions: You will have 3 minutes to read the passage. You may take notes if you like.
（3分間で次のパッセージを読みなさい。メモを取ってもかまいません）

　　A technological change in the environment at work and home has long been expected. Twenty-five years ago, a science-fiction writer, Isaac Asimov wrote, "the same technology that would make it possible to do one's work at a distance would also make it possible to gather one's cultural needs at a distance." The inclusion of computers, cell phones and high-speed Internet access in both homes and offices has altered notions of productivity.

　　The processing of tasks and data transmissions has become incredibly fast. Deadlines are made tighter, news is expected sooner, contacts are expected to be available at any time, and decisions are made quicker. The convenience of these technologies also makes it possible to carry out almost any job from any location. Likewise, businesses may benefit from people who are independent yet connected, by virtue of being onsite at an important project or event while maintaining accessibility through technology. Currently, many mobile office options are available that are based on price and accessibility. They allow workers to blend duties while at home, at work or while traveling.

　　However, in the office location, for every eight hours spent in the office, only three of them are likely to consist of "work." Aside from technologies being a distraction, the amount of coordination has increased. From this we can see that digitalization, rather than simplifying office management, may, in some cases, add to the workload.

　　People worry about the social and emotional implications of having too much technology. Standards need to emerge and business protocols change in the future in order to keep apace with people's needs and limits.

リスニング

TOEFL iBT

Task 1 解法テクニック［統合型問題］

メモ欄

指示文

Directions: You have 20 minutes to plan and write your response. Your response will be judged on the basis of the quality of your writing and on how well your response presents the points in the lecture and their relationship to the reading passage. Typically, an effective response will be 150 to 225 words.
（20分で解答を書き上げなさい。解答はライティングの質、講義内容とパッセージの比較を正確に述べているかどうかにより採点されます。よい解答には通常、150〜225語が必要です）

設問

Question: Summarize the points made in the lecture, being sure to explain how they strengthen specific points made in the reading passage.
（講義で述べられたポイントを要約しなさい。なお、パッセージで述べられているポイントをどのように強めているか説明しなさい）

訳例とスクリプト

[パッセージの訳例]

　かつて職場および家庭環境における技術変革が長らく待たれていた。25年前、科学書の作家であったアイザック・アシモフは、「離れた場所で仕事することを可能にする技術があれば、その同じ技術で文化的ニーズを収集することも可能だろう」と書いている。コンピューター、携帯電話、そして、自宅および職場での高速インターネット接続が、生産性の概念を変えた。

　タスクとデータ送信の処理は信じられないほど速くなった。納期は厳しくなり、ニュースはより速く伝えることが求められ、いつでも連絡がとれることが期待され、決定はより迅速に下される。こうした利便性の高い技術は、いかなる仕事も場所を選ばずに行うことを可能にした。同様に企業は、独立していながらも、技術によっていつでも連絡がとれ、重要なプロジェクトやイベントの現場に来てくれる人たちの存在からも恩恵を受けるであろう。現在は、価格やアクセスのよさによって、さまざまなモバイルオフィスが選択可能である。そのため労働者は、仕事を自宅、職場、そして移動時間で調整できるのである。

　しかし、職場という場所では、オフィスで費やしている8時間のうち、「仕事」をしているのは3時間だけであろう。技術が障害になっていることは別として、調整業務が増えていたのである。ここから、職場管理の簡素化ではなくデジタル化が、場合によっては、仕事量に加わっていることがわかる。

　人々は、技術がありすぎることが及ぼす、社会的および感情的影響を心配している。将来、人の必要性および限界と歩調を合わせるような、基準とビジネスにおける通信手段の変更が必要になる。

[講義のスクリプト]

Narrator:
Now listen to part of a lecture on the topic you just read about.

Professor:
　Technology at home is an area of study that requires more time to fully cover than we have today. What I will try to do is give you an overview to take home. When we meet next class, I anticipate that you will have had time to do the readings and begin thinking about what area of home-based technology you'd like to focus on. Among our research subjects, we have 10 households who have agreed to take part in our research during this semester. While there are many computer-based technologies inside the homes that we are going to study, the PC is a good place to begin. Computers have featured in the technology in American homes since the 1980's. Yet it wasn't until the 1990's and the expansion of Internet use that home computers took on a central role outside of home offices. People who are quick to adopt computer technology at home have shifted from being light users to intensive users. Prior to free or inexpensive Internet access, and when there were a lot fewer software options, people limited their computer use to entertainment or a few job-related tasks.

　This use of the home computer for office-related tasks may be an interesting area for study. Another area for research is the attitude associated with technology. People who use computers at home spend the majority of their time on e-mail and using the

Internet. This has also reached into the home across generations as schools, churches and social networks rely on computer-based communication at any hour.

　　This semester, we will cover gender differences in home technology use and decision-making. Studies have found men to be more intensive computer users at home and more authoritative on purchasing decisions related to home technology. How could these examples be considered as examples of changing the home? Before next class, start listing the home technologies you are aware of, and ask yourself how the home has changed due to technology.

[講義の訳例]

　　家庭で使われている技術は、全体を扱うにはこれまで以上に時間を必要とする研究分野です。これから私がしようと思っているのは、皆さんに概要を持ち帰ってもらうことです。次の授業までに、資料を読み終え、家庭で使われている技術のうち、皆さんがどの分野に焦点を当てたいかを考えはじめておいてください。研究対象の中には、今学期中、私たちの研究に参加することを承諾してくださった10件のご家庭が含まれています。これから調査していく対象には、家庭内にあるコンピューターに基づく技術が数多くありますが、パソコンから始めるといいでしょう。コンピューターは1980年代からアメリカの家庭にある技術を特徴づけるものでした。しかし、自宅事務所以外で家庭用コンピューターが中心的役割を担うのは、1990年代になり、インターネット利用が拡大してからのことでした。コンピューター技術を家庭にいち早く取り入れた人たちが、たまにしか使わなかったコンピューターを徹底的に使うようになりました。無料もしくは格安のインターネット接続が登場する以前、今に比べてソフトの種類が断然少なかったころは、コンピューターを利用するのは、娯楽またはちょっとした仕事関連の作業に限られていました。

　　このような職場関連の作業に家庭のコンピューターを利用することを研究対象としても面白いかもしれません。家庭でコンピューターを使う人たちは、自分たちの時間のほとんどをメールやインターネットに費やします。この傾向は、学校、教会、社会のネットワークが、コンピューターを利用した、時間を選ばないコミュニケーションに頼っているため、世代に関係なく家庭内に及んできました。

　　今学期は、家庭での技術利用と意思決定における男女間の違いについて取り上げていきます。これまでの研究では、家庭では男性のほうがコンピューターを徹底的に使い、家庭での科学技術に関する決定に関して主導権を握っているということがわかっています。こうした事例は、家庭の変化の例としてのようにとらえることができるでしょうか。次回の授業の前までに、家庭で使われている技術のうち、皆さんが知っているものをリストアップしはじめ、技術によって家庭がどのように変わったかを考えてみてください。

解答例

① <u>The reading passage states that the use of new technologies such as PC's and cell phones has changed business methods from their onset. The passage further states that out-of-office work has increased due to this technological development.</u> It states that the technology enables people to work at a distance and even get access to their cultural needs. However, the passage states that the new working style has also increased the average workload.

② <u>The lecturer says that until the advent of widely available Internet access, people at home mainly used computers to play games or for a few job-related tasks. However, he mentions that the use of computers at home has increased since the 1990's due to the increased amount of software.</u> People who were accepting of new technologies turned out to be heavy users.

③ <u>In addition, the lecturer points out gender differences in the degree of computer usage. Male users are keener to use computers and new technologies than are female users.</u>

(160語程度)

[要約]
　リーディング・パッセージには、パソコンや携帯電話などの新しい技術がビジネスのスタイルを変え、そのため、職場以外で仕事をすることが増えたと書かれています。離れている場所でも仕事ができるようになりましたが、同時に、仕事も増えたと述べられています。
　教授は、自宅でコンピューターを使う頻度が高い人たちに、こうした家庭環境の変化が起きたと言っています。当初はメールとインターネットを使うだけでしたが、1990年代にソフトウェアが増えてからは家庭でコンピューターが使われることが多くなりました。
　さらに教授は、男性のほうが女性よりコンピューターや新しい技術を利用することに熱心だと言っています。

解説と採点基準

[難易度] ★★★ （高レベル）

　補完タイプの設問では、パッセージを補完する内容の講義が行われます。この例題の場合は、「強調型（strengthen）」の補完タイプとなっています。そのため、パッセージと講義の内容を織り交ぜながら、解答ポイントを探すことになります。

◆メモ書きの例
　最初に、パッセージ内容と講義内容のメモ書きを見ましょう。そして、解答を書くためのアウトラインを作成します。

パッセージのメモ
① technological advancement → Internet → heavy workloads
data transmission fast → deadline tight at any location
office: coordination important

> **講義のメモ**
> ① technology at home: PCs
> ② till 1990s ✕ cheap software: → entertainment
> ②' Internet → everywhere: school, church
> ③ men → intensive users

◆解答のポイント

　この例題はパッセージと講義それ自体は聞きやすいのですが、解答のまとめ方は非常に難易度が高いものです。パッセージではハイテクによって自宅兼オフィスが増え、オフィスでも仕事量が増えると述べています。一方、講義では、主に家庭でのコンピューターの活用が増えていると述べられています。つまり、パッセージと講義の接点が少ないために難しくなっているのです。

💡 **Point 1**　パッセージの内容を正確に把握する

　パソコンなどのハイテクがどのように社会を変えるかを予測しています。しかし、パッセージ後半は「実はかえって仕事量を増やした」という内容でした。パッセージの流れを正確につかむことが、よい解答を生み出すことにつながります。

💡 **Point 2**　講義内容は補完的要素を含んでいる

　講義では1980年代と90年代の違いが述べられていますが、ここがポイントなのです。ビジネスの形態を変化させたのは、90年代以降です。解答例で②の下線部がそれを強調しています。

💡 **Point 3**　講義で強調した部分を押さえる

　講義では、男性のほうが女性よりもコンピューターのヘビー・ユーザーだと述べています。現実には女性の自宅兼オフィス愛用者が増えていると思う人もいるかもしれませんが、その点は講義でもパッセージでも触れていないので書いてはいけません。

◆採点基準

　パッセージ内容を述べる

　下線部①で、パソコンなどのハイテク機器がビジネスに与えたインパクトについて述べています。また、仕事量が増えたことにも触れています。これで、1点から2点となります。この部分を講義が補完するのです。

講義内容に沿って時代の変遷を述べる

下線部②では、インターネットアクセスの増加により、以前の状況から変化したことを述べています。家庭でのコンピューターの利用が、1990年代以前に比べ、安価なソフトの登場などによって増加したということです。パッセージを補完しているこの重要な部分を取り上げれば、2点が加算されます。

性差についても言及

下線部③では、男性がヘビー・ユーザーになったことを述べています。細かいところまで把握している点で、1点が与えられます。

例題3　解答タイプ（Answer Type）

リーディング

Directions: You will have 3 minutes to read the passage. You may take notes if you like.
（3分間で次のパッセージを読みなさい。メモを取ってもかまいません）

　　Advertisers have many creative options at their disposal for marketing their products in wealthy countries. Even though potential consumers have discretionary income, this is no guarantee of success for an advertisement. All of a firm's research and product benefits must be creatively developed into one appealing message. Above all, the advertisement should be memorable. This is the biggest challenge, especially in television advertising.
　　An ad may anticipate people's needs and desires, but if it does not have the power to linger in people's minds, then it will not create brand equity. Still, the advertisement cannot be too risky. In the case of Benetton, their clothing ads have not spared an ounce of reality. They have successfully gotten the attention of people with uncomfortable images of human suffering. However, not all consumers respond similarly, and some companies face a backlash if one's religious, ethnic or ideological values are perceived as being targeted unfairly.
　　For companies that dominate a market but seem to be losing their edge, risky advertising is a way to access new customers or win back customers who started buying a different product. Humorous advertisements and promotions tend to go well with sports events and during the holidays, but if a tragic event occurs, the humor in an ad can backfire. Overall, advertisers fundamentally choose to execute the marketing of their product based on emotional, informative, or rational appeals. Ultimately, choosing an advertising approach presents challenges and uncertainty. This leads some advertisers to become shy of new ideas and messages.

リスニング

メモ欄

指示文

Directions: You have 20 minutes to plan and write your response. Your response will be judged on the basis of the quality of your writing and on how well your response presents the points in the lecture and their relationship to the reading passage. Typically, an effective response will be 150 to 225 words.
（20分で解答を書き上げなさい。解答はライティングの質、講義内容とパッセージの比較を正確に述べているかにより採点されます。よい解答には通常、150〜225語が必要です）

設問

Question: Summarize the points made in the lecture, being sure to specifically explain how they answer the problems raised in the reading passage.
（講義で述べられたポイントを要約しなさい。特に、パッセージで取り上げた問題にどのように答えているか説明しなさい）

訳例とスクリプト

[パッセージの訳例]

　広告主が裕福な国で自社の製品を売り出すには、いくつもの独創的な方法がある。潜在的消費者に可処分所得があったとしても、広告が成功するという保証にはならない。企業の研究や製品がもたらす利点をすべて独創的に発展させ、訴求力ある1つのメッセージにまとめ上げる必要がある。何よりも、広告は記憶に残るものでなければならない。この点が、特にテレビ広告において、最大の難題なのである。

　広告というものは、人々のニーズや欲求を予測しているのであろうが、人々の脳裏に残る力がなければ、そのブランドが持つ資産価値を生み出すことはできない。さらに、あまりに冒険的な広告にするわけにはいかない。ベネトンの場合、衣料品の広告ではひとかけらの現実味も出してこなかった。人間の苦悩といった居心地の悪い映像を使って、見事に人々の注意を引いてきたのである。しかし、消費者すべてが同様の反応を示すわけではなく、自分たちの宗教的、倫理的、もしくはイデオロギー的な価値が不当な形で標的にされていると感じる人たちがいた場合には、反感を買う企業もある。

　市場を支配していながらも、その優位性を失いつつあると見られる企業にとっては、危険を伴う広告戦略が、新たな顧客へ働きかけたり、他社の製品を購入しはじめた顧客を再び獲得したりするための1つの方法である。ユーモアのある広告や販促はスポーツのイベントや休暇期間中に適しているといった傾向があるが、ひとたび悲劇的な事件が起きてしまうと、広告の中のユーモアが裏目に出る可能性がある。概して、広告主は基本的に、感情、情報、合理性といった面からの訴えかけを基に製品のマーケティングを行う道を選ぶ。結局のところ、広告の手法というものは、難題と不確実性を提起する。それゆえ、広告主は新しい着想やメッセージに対してはためらいを感じるようになってしまうのである。

[講義のスクリプト]

Narrator:
Now listen to part of a lecture on the topic you just read about.

Professor:
　Advertisements are more likely to succeed if you employ a strategic market plan. The first part of developing an advertising and promotional plan should be creating a market plan that is based on reliable analysis. There are three kinds of analysis that I will discuss.

　The first kind is target market analysis. Once a business defines a target, advertising and promotional campaigns are to be based on it. In addition, for a business that already has identified its target market, it may be necessary to reevaluate that market for new opportunities.

　The second kind is opportunity analysis. At the beginning, the market for a product or service needs to be analyzed in terms of existing marketplaces and alternative market segments. This involves searching for new trends, needs and opportunities. The market opportunity for lifestyle products like footwear, cosmetics, and digital devices has allowed some companies to broaden their customer base. Advertisements based on opportunity analysis avoid treating people like one homogenous group because they are tailored to specific people such as teens or the elderly.

Lastly, I'd like to mention competitive analysis. Your competition may determine the kinds of market opportunities and target markets that your company selects. Since advertisements can build and sustain brand identity and brand equity, identifying where your company can gain a competitive edge is of the utmost importance. In addition, these are the reasons why an ample budget for advertising is very important.

[講義の訳例]

戦略的市場計画を採用したほうが、広告が成功する可能性は高くなります。広告宣伝計画を立てる第一段階として、信頼のおける分析に基づいた市場計画を作り上げるべきです。今から3種類の分析を検討していきます。

1つ目は目標市場分析です。企業が目標を明確にした時点で、広告宣伝キャンペーンはそれに基づいたものにならなければいけません。加えて、すでに目標市場を特定している場合には、その市場に新しいビジネスチャンスがあるかどうかを再評価する必要があるでしょう。

2つ目は機会分析です。まず初めに、製品やサービスの市場を、既存の市場および代替の市場区分の面から分析する必要があります。これには、新しいトレンド、ニーズ、そして機会を探る作業が含まれます。靴、化粧品、デジタル機材など、ライフスタイルにかかわる製品の市場機会によって、顧客基盤を広げることができた企業がありました。機会分析に基づいた広告は、ティーンエイジャーや高齢者などといった特定の人たちに合わせているため、全員を同質の集まりとして扱うことはしません。

最後に、競争的分析についてお話ししたいと思います。企業がどんな種類の市場機会や目標市場を選ぶかを決めるのは、その競合相手かもしれません。広告がブランドの独自性やブランドが持つ資産価値を構築し、維持する可能性があるため、企業がどの分野で優位に立てるかを特定することがきわめて重要です。さらに、こうした理由で、広告に潤沢な予算を充てることが非常に重要になるのです。

解答例

① According to the reading passage, advertisements play a key role in promoting a company's products. Advertisements must live long in the memory, so that consumers can recognize and remember names of products. Furthermore, it states that advertisements which are ethically sensitive should be avoided if a company has already established a competitive edge in the market.

② In addition to the information provided in the passage, the lecturer points out how strategic and careful market analysis needs to be conducted. She mentions that three kinds of analyses are important for advertisements.

③ The first of these is to identify the target market to promote their products.

This analysis is also used to reevaluate the market if a company has already identified its target market.

④ <u>Secondly, opportunity analysis is mentioned.</u> Opportunity analysis requires advertisers to market to segments such as teens or the elderly, so that the advertisement can aim at a specific segment and not at all consumers. To do so, advertisers should search for new trends and needs.

⑤ <u>Finally, the lecturer mentions the importance of competitive analysis.</u> That is to establish a competitive edge in a specific market, because a competitor may seek a chance to get involved in the same market. Thus, this three-step analysis is important to implement in order to produce adequate advertisements.

(210語程度)

[要約]
　リーディング・パッセージによれば、広告は製品販売の主役で、記憶に残るものでなければならないといいます。また、すでに市場で安定した地位を占めている場合には、倫理的に微妙な広告は避けるべきだとも述べています。
　これに加えて教授は、戦略的で緻密な市場分析が必要だとし、3種類の分析について触れています。
　1つ目は目標市場分析で、これはすでに目標が特定できている企業が市場を再評価することにも利用できます。
　2つ目は機会分析です。年齢層によって販売方法を変えることで、新しいトレンドやニーズを探求する必要が出てきます。
　3つ目は競争的分析で、競合相手が参入してくることを考え、特定の市場で優位性を確立する方法です。こうした3段階の分析が、的確な広告を打つために必要です。

解説と採点基準

[難易度] ★★★（高レベル）

　パッセージで「広告宣伝の重要性」を述べ、教授はこの重要な広告を行うための「手法」を述べています。この例題の難易度が高い理由は、リスニング能力が低い場合には3つのポイントを正確に把握できない可能性があり、設問に答えることが難しいからです。リスニング能力をつけることは統合型問題では必須ですが、この例題では、特に、細かいところまで聞き取る能力が求められます。

59

> **パッセージのメモ**
> ① advertisement : must be creative; needs and desires
>   : people's mind → brand equity; not ethical or ideological
> ①' risky ad → competitive edge
>   humorous ad → sports; but uncertain
>
> **講義のメモ**
> ② reliable analysis: three steps
> ③ 1. target market analysis: established one → reevaluate
> ④ 2. opportunity analysis: existing & alternative market segments
>   new trends; needs; opportunity: lifestyle → broader customers
> ⑤ 3. competitive analysis: target ぶつかる: competitive edge ← budgeting

◆解答のポイント

　解答例では、第 1 パラグラフでパッセージの内容を要約し、企業競争力を高めるための広告宣伝の重要性を述べています。また、第 2 パラグラフが、パッセージと講義の内容をつなげる役目を担っています。

❷ Point 1　パッセージは助走

　解答タイプの設問では、パッセージの内容が助走の役割を果たします。そして、講義内容で「ある行為や出来事」の詳細を述べるのです。

❷ Point 2　講義内容を中心に

　通常、解答タイプではパッセージで問題点を提示し、その解決策を講義で述べます。そのため、この例題でも第 3 パラグラフ以降は、講義の内容をまとめる形となっています。ただし、逆に講義で問題点を提示する場合もありますので、注意してください。

❷ Point 3　講義の要約を正確に

　講義では、3 つの種類の広告宣伝手法が重要だと述べています。解答を書くには、それらを個別にまとめ上げる力が要求されます。講義ではっきりと 3 つの点を挙げて指摘している以上、それぞれの内容をまとめなければならないのです。1 つでも欠けていると減点対象となります。

◆採点基準

広告が重要であること

　解答タイプの問題では、「何に対しての解答なのか」をはっきりさせる必要があります。

そのため、下線部①で、パッセージでは広告が重要だと述べていることを明確に指摘します。これにより、解答準備に入ったことがわかります。また、②で３つの分析手法があることを述べています。これを満たした段階で２点となります。

個別の分析手法について

講義の内容に基づいて、下線部③、④、⑤にあるように３つの手法を取り上げなければなりません。それができれば２点となります。１つでも抜けると、１点しかもらえないでしょう。

それぞれの手法について詳述

225語以内に収めなければならないため多くを書く余裕はありませんが、３つの分析手法についてある程度は具体的に説明する必要があります。このうち、下線部④のopportunity analysisが最も書きやすいでしょう。この部分を詳細に述べるだけでも0.5点を加算される可能性があります。解答例では、それぞれの分析手法が詳述されているため、１点加算されます。

Chapter 3

Keys to Success
Task 2 解法テクニック
[独立型問題]

- 64　Task 2 独立型問題(Independent Task)の流れ
- 68　独立型問題の採点基準
- 71　独立型問題の攻略法

Task 2 独立型問題（Independent Task）の流れ

　前章で述べたとおり、Task 1の統合型問題では、リーディング・パッセージと講義の内容を踏まえたうえで、自分の意見は入れずに、それらの情報を比較・補完させることが求められました。しかし、Task 2の独立型問題のエッセー・ライティングでは、むしろ皆さんの意見や経験を述べることが要求され、文章に「流れ」をつけることが必要です。一貫した（coherentな）考えを述べるためには、流れを持たせなければならないのです。

　受験後は、ETSから送られてくる（あるいはオンラインで確認する）スコア・レポートで、Writing Skillsの "Writing Based on Knowledge and Experience" の項目を見てみましょう。この得点が高ければ、「あなたの解答はwell-organized（とてもよくまとまった）エッセーである」と書かれます。では、まとまりがあるエッセーとはどのようなものか、その説明から始めましょう。

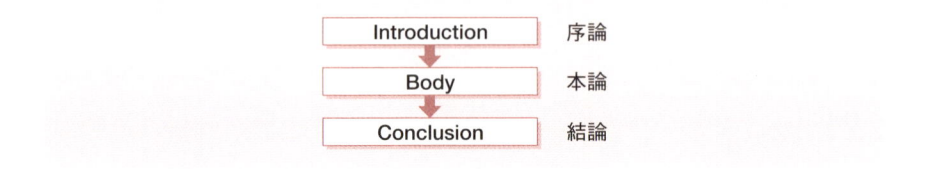

```
Introduction    序論
    ↓
   Body        本論
    ↓
 Conclusion    結論
```

　この3つの要素に流れがあり、考え方にまとまりのあるものがよいエッセーです。つまり、書き出しの序論で主題を示し、文章の核となる本論でそれをサポートしたうえで、最も言いたいことを結論で再確認します。これらが流れるようにつながりを持っていることが大切です。以下に、それぞれの役割について簡単に説明しておきます。

◆Introduction（序論）

　最初にこれから何を書くのかを紹介する部分です。採点者がこの序論を読んで、エッセー全体のあらましがわかるようなものでなければなりません。したがって、書こうとする内容の概略だけでなく、自分が言いたいことのエッセンスも含めておく必要があります。また、仮に設問を読んでいない人が読んだとしても、序論を見ただけでこのエッセーに何が書かれているかを理解できることが望ましいでしょう。たとえば、「なぜ今、世界で日本食ブームになっているのか」を書かせる問題であれば、序論で「今、世界各地で日本食への関心が高まっているが、それにはいくつかの理由が考えられる」と、その後の展開を示唆しておくと、わかりやすくまとまりのある文章が書きやすくなります。

◆Body（本論）

　序論で簡潔に述べた「言いたいこと」を詳しく説明したり、立証したりする部分です。たとえば、何かを比較して述べる問題であれば、それらについて類似点や相違点を1つずつ取り上げながら詳述していきます。序論で提示した主題について説明するのにいくつかのポイントが挙げられる場合は、それぞれにパラグラフを設けるといいでしょう。1つのパラグラフに複数のポイントを含めると、わかりにくい文章になってしまうおそれがあります。

◆Conclusion（結論）

　序論で提示し、本論で詳しく述べた「言いたいこと」を結論づける部分です。序論の言葉をもう一度ここで言い換えて、「～だから、～である」と立証したり、本論で述べてきた重要なことをさらに強調して結んだりします。日本食ブームを例にとると、前者の場合、本論でなぜ日本食が関心を集めているのかを根拠を挙げて述べ、結論ではそれらの理由を再度まとめて、「こうした理由から、日本食は世界各地の多くの人々に好まれている」と論じることができます。

　では、実際にサンプル・エッセーを見ながら、それぞれの部分の具体的な書き方を学び、また採点基準についても知りましょう。筆者が採点者ならば、この3つの要素の1つでも欠けていれば、エッセー・ライティングに慣れていないと判断して減点対象とします。

Topic 1

More and more people are taking vitamin pills. What are the reasons for this? Use specific reasons and details to support your answer.
(要約：今日、より多くの人々がビタミン剤を服用している。この理由は何でしょうか。特定の理由や詳細により、あなたの解答を支持しなさい)

Introduction

① <u>Despite the availability of nutritious and healthy foods, many people nowadays take not only a multivitamin tablet every day but a variety of other vitamin supplements.</u> ② <u>I think that there are two reasons as follows.</u>

Body 1

③ <u>Firstly, busy lifestyles and long working hours have resulted in more people eating processed foods, fast food or other instant foods instead of fresh foods especially fruits and vegetables. These processed or fast foods are clearly deficient in the nutrients we need to maintain a healthy body.</u> It is said that we need to eat 30 different foods every day. However, many people are working longer hours and eating later, and are unable to find the time to cook using the number of fresh vegetables needed to meet our daily requirement of vitamins. For this reason many people are relying on a vitamin pill to provide them with all the vitamins and minerals they need.

Body 2

④ <u>Another reason for taking vitamin supplements is the findings of recent scientific research.</u> It has been found that certain vitamins or minerals may help prevent such dreaded diseases as cancer. People say that vitamin C and zinc help prevent colds. We can even find special vitamins for reducing stress. As it is difficult to consume enough of these vitamins through diet, taking a supplement seems reasonable. All of this information is readily available to the public. Nowadays, most bookstores have a health section filled with books informing us of the benefits of taking certain vitamins.

Conclusion

⑤ <u>The informed consumer has realized that taking vitamin supplements may be a step toward a healthier lifestyle.</u> ⑥ <u>Nevertheless, I hope that people will depend less on a pill and try to consume healthier fresh foods that provide a good number of the vitamins they now take in the form of a pill.</u>

それでは、Topic 1の解答例を見ながら、序論、本論、そして、結論の役割について確認しましょう。

> ◆Introduction（序論）
>
> 繰り返しますが、序論は、「私はこれから、次のような内容の文章を書きます」という、いわば初めの一歩のパートです。①では、設問（Topic）で与えられた内容に対する一般論、あるいは自分の意見を述べます。②では、本論（Body）へとつながる助走を書きます。解答例のように、2センテンス以上は欲しいところです。1文だけでは、①または②のいずれかの情報が不足することになるからです。

> ◆Body（本論）
>
> この解答例では、本論が2つのパラグラフに分かれています。Body 1では、仕事の忙しさ、そして、Body 2では健康上の理由によって、具体的にビタミン剤の服用が増えていることを述べています。一般的に、本論は2つの具体例を述べるのが望ましいといわれています。序論、本論1、本論2、結論の4つ、あるいは本論を3つにして5つのパラグラフに分かれているエッセーが読みやすいでしょう。
>
> ③と④はともに、Main Idea（本旨）と呼ばれる、エッセーの中で最も重要な「自分の考えや例示などを示す」内容です。そして、③と④それぞれのあとに続く下線を引いていないセンテンスは、Supporting Idea（支持文）と呼ばれ、Main Ideaを強固なものにするための文章です。
>
> ただし、必ずしも2つ以上の具体例を入れなければならないという決まりはありません。過去に筆者の生徒が、本論が1つだけのエッセーを書いて満点をもらったケースがありました。

> ◆Conclusion（結論）
>
> 結論部の冒頭にある⑤では、人々がビタミン剤の服用をより欲していて、健康な生活に向かうべく努力している、と述べています。これは、エッセー全体の内容、すなわち序論で述べた内容の言い換えに当たります。
>
> 一方、採点者に大きな好感を与えると思われるのは、⑥のセンテンスです。栄養補助剤としてのビタミンを摂るよりも、自然（Body 1に書いたfresh foodsのこと）からビタミンを摂るべきだ、という自分の考えを打ち出しています。
>
> しかし、⑥を書くことによって好感の持てるエッセーにはなりますが、⑥の主張を発展させてはいけません。⑥を中心に述べた場合は、off-the-topic（設問からはずれる）と見なされる可能性があるからです。Topic（設問）では「ビタミン剤の服用が増えた理由を述べよ」と求めているのに、自然の食物からビタミンを摂取すべきだ、と長々と書いていたらどうでしょうか。明らかに設問の範ちゅうを逸脱した答えになってしまうのです。

独立型問題の採点基準

　ここでは、前項で取り上げた解答例をもとに、独立型問題の採点基準について説明します。採点基準を知ることにより、よりよいエッセーを書くインセンティブにしましょう。まず以下に、そのポイントを列記します。

❗ Point 1　トピックをしっかり理解していること

　トピックを理解していることは、設問に正確に答えることにつながります。あちら、こちらに話を飛ばさないで、流れがある文章が重要です。

❗ Point 2　具体的で明確な例示があること

　解答例では、Body 1で現代社会の忙しさによるビタミン摂取の例、そして、Body 2で病気予防などのためのビタミン摂取の例を挙げました。このように、トピックの設問内容に沿った例示により、自分の意見を明確に示すことができるのです。この具体的かつ明確な例を示す力を磨かないと、ライティング・セクションだけではなく、スピーキング・セクションでも高得点を目指すことが難しくなります。

❗ Point 3　首尾一貫していること

　トピックが仮に「あなたの住んでいる場所に工場が建てられることになった。これに対して賛成か、反対か」という設問だったとします。皆さんの解答が、以下のような構成で組み立てられているとしたら、採点者はどう感じるでしょうか。
①工場が造られることにより労働力が必要となるから雇用機会が増える、だから賛成する。しかし、
②工場はばい煙を出すかもしれないから、それは、困る。したがって、
③賛成もするが、反対の場合もある。

　首尾一貫した主張のないこの解答を読んだ採点者はきっと、「この受験者の言い分はよくわからない」と思うはずです。首尾一貫した考えを述べるなら、「①雇用機会を増やすので賛成、そして、②新しい工場は地域の活性化に役立つ」などといった内容にしなければなりません。

❗ Point 4　語法の多様性があること

　語法の多様性とは、①仮定法や並列法などの文法的知識があり、②語句の用法が多様であること、をいいます。それでは、解答例をもとにこれら2つの具体例を見てみましょう。なお、この解答例には、仮定法や倒置文などは用いられていません。しかし、非常にすっきりとした、書き慣れた文章となっています。
①文法的な用法の多様性
　解答例の四角で囲っている部分を見てください。[processed foods, fast food or other instant foods]では、目的格として並列法をきれいに使っています。[provide them

with]では、provideの用法をしっかり守っています。また、[help prevent]もhelpのあとには一般的に動詞の原形を使う、という規則を守っています。
②語句の多様性
　解答例では、ビタミン剤を、a multivitamin tablet、vitamin supplements、a vitamin pillなどに置き換え、同じ語句の繰り返しを避けています。このような多様性を持たせることにより、高得点をねらうことができます。

Point 5　移行語句の適切な使用
　移行語句とは、文章をきれいにつなげたり、反対の意見を述べたりするときに使う語句のことです。解答例では、Introductionの書き出しに使われたDespiteがこれに当たります。ほかにも、firstly、however、for this reason、as it is difficult ...、nowadays、neverthelessなどが、移行語句として用いられています。移行語句を上手に活用できるようになると、文章に流れが生まれます。

Point 6　スペルミスが少ないこと
　スペルミスは極力少なくしてください。自信がなければ、別の単語に置き換えることも検討すべきです。仮に難易度の高い単語、たとえば、オゾン層の破壊などの話題でよく使われる「chlorofluorocarbon（フロンガス）」のスペルを思い出せなければ、CFC'sとしてもかまいません。「categorize（分類する）」を、同義語でよりやさしい「classify」に変えたりするのもいいでしょう。特に、トピック（設問）で使われている単語を5カ所も間違えた場合には減点対象となると考えてください。採点者は、設問をよく見ていないと判断するのです。

Point 7　語数は300語を必ず超えること
　独立型問題のDirections（指示文）には、「通常は300語はないと、論理性のある文章にはならない」と書かれています。テスト画面には語数カウンターがついているのですから、指示文どおりに300語を超えて書く努力をしてください。そのためには、普段からエッセーを書き慣れていることが大切です。（タイプ打ちで）書き慣れることが、よい点数を生み出すのです。

解答例の採点

　以上のような採点基準で、この解答例を採点してみましょう。
①流れがある（プラス1点）
　Introduction → Body → Conclusionのきれいな流れがあります。そのため、首尾一貫した（coherent）考えを貫いていると見なされます。
②語法の多様性があり、文法ミスがない（プラス1～2点）
　語法の多様性がある文章です。また、文法事項を理解しています。高い印象を与える

ことができるでしょう。
③**具体例がはっきり示されている（プラス2点）**
　大きく分けて2つの例示があります。また、その例示に対するSupporting Idea（支持文）が与えられています。内容面でも評価されて、高い得点となるでしょう。
④**トピックに沿って300語以上ある（プラス1点）**
　模範解答例ですから、当然のことながら、トピックからはずれていません。語数も指示文どおりの長さがあります。
⑤**合計点（満点）**
　これらを合計すると5〜6点になるので、満点（5点）を取ることができます。なお、実際に受け取るスコア・レポートには、4.0〜5.0と記されます。

減点対象となる要素

　この解答例には減点の対象となる要素はありませんでしたが、一般的に考えられる減点項目について以下に挙げておきます。

①**一貫性を欠き、off the topicである（マイナス1点以上）**
　トピックによっては、たとえば「近隣に工場を造ることに賛成するか、反対するか」のように賛否を問う問題があります。このとき、工場が造られることはよい、ただし、自分の家のそばでは困る、という解答は成り立ちません。最初から「近隣に」と決められているのですから、「設問を理解していない」「首尾一貫していない」と見なされて減点されます。
②**スペルミスが多い（マイナス0.5〜1点）**
　小さなスペルミスが5つで、0.5点減点、10個で1点減点ぐらいと考えればよいでしょう。
③**文法ミスが多い（マイナス1点以上）**
　文法ミスが1つか2つ程度であり、かつ、文章の流れを乱さない程度であれば、減点対象とはなりません。しかし、何度も述べているように、iBTには文法セクションはなく、主にライティング・セクションで文法能力が測られるのです。時制や数の一致には特に気をつけてください。これらのミスがあまりに多いと、1点程度は減点されることになります。また、よく見かけるミスの1つに、Because he was a child.のように、文章が不完全なまま途中で終わってしまうケースがあります。会話文では使われることもありますが、文語の場合、becauseは一般的に「理由を示す副詞節」を導き、複文を構成します。したがって、文法ミスと見なされる可能性が高くなります。

独立型問題の攻略法

ではここで、Task 2 独立型問題を攻略するためのポイントについてまとめておきます。独立型問題は、Task 1 統合型問題に比べて解答しやすいパートです。解法の要点をしっかり押さえて、高得点を目指しましょう。

【1】時間配分を考える

独立型問題の解答制限時間は30分です。これを有効に使う時間の配分を考えましょう。以下のように割り振ることができれば理想的です。20分の解答作成時間で350語程度に達することを目標に練習を重ねてください。

アウトラインの作成	5分
解答作成（タイピング）	20分
文法や文章構成の見直し	5分
合計	30分

【2】アウトラインを作成する

統合型問題とは異なり、独立型問題では皆さんの自由な意見を打ち出すことが求められます。そのため、統合型問題では「メモ書き」から発展させてアウトラインを作成しましたが、独立型問題では最初からいかに効率的に「アウトライン」を作成するかが重要になります。例を見てみましょう。

```
Why supplements?
① lifestyle → busy → processed foods, fast food
② scientific research → a. prevent diseases
                        b. relieve stress
③ information on supplements:   easy to get from books
④ Conclusion: people need healthier lifestyle → supplement
    より重要＝have fresh foods
```

このような簡潔で見やすいアウトラインを作れば、解答作成も容易になります。この例のように日本語を組み合わせてもかまいません。

なお、④のConclusionのメモ書きはトピックによっては不要となります。たとえば、「あなたの近隣に工場が建てられることに賛成か反対か」のような二者択一問題では、賛

成あるいは反対が結論となるからです。その結論を基に、メリットとデメリットを比較するようなアウトラインを作成することになります。

【3】解答作成のトレーニング

ライティング・セクションで高いスコアを取るための前提は、エッセーに書き慣れることだと述べました。そのための練習を重ねてください。20分のタイピング時間は決して短くはありません。ただし、書き慣れていないと非常に短く感じるはずです。Introduction → Body → Conclusionの流れを必ずつけることを忘れずに、短くないと感じられるまで訓練しましょう。注意事項は以下のとおりです。

◆本試験と同じような環境で書く

本試験のテスト画面にはスペルチェッカーの機能はありません。その環境に近づけるため、パソコンに付属している「メモ帳」のようなシンプルな機能のテキスト作成ソフトで答えをタイピングしてください。解答を作成したら、スペルチェッカーのついているワープロソフトに貼り付けて検証してみましょう。自分の犯したタイプミスやスペルミスがどの程度なのか、はっきりわかるはずです。また、語数カウント機能を使い、300語を超えることを常に意識してください。

◆トピックに対する答えを必ず書く

与えられた設問に答えることを忘れてはいけません。最初は解答作成に1時間をかけてもかまいませんし、和英辞典を引いてもいいでしょう。書き慣れるまでは時間制限など気にせずに、「設問に答える」という姿勢を築いてください。

◆受験前1週間の練習

よほどの頻度で受験を繰り返している人を除けば、多い人でも1カ月か2カ月に一度の受験が一般的でしょう。そのような人は、受験前の1週間で必ず3つ以上の設問を解いてください。皆さんが思っている以上に力の落ちるのが早いのが、ライティングとスピーキングなのです。

【4】文法や文章構成を見直す

制限時間内に多くの語数を打ち込むことに気を取られ、書いた文章を見直そうとしない受験者は少なくありません。筆者は生徒たちに「私だって見直しをしているのだよ。それでもミスがなくならない」と言い続けています。3～5分の見直し時間を設けることはとても重要です。そして、最後の30秒は数の一致などの単純なミスがないかどうかだけをチェックすることに留めてください。

【5】出題パターンを知る

独立型問題には、大きく分けて次の3つの出題パターンがあります。

◆自由な意見を求める問題

「もし十分な資金があれば、どのような発明をしたいか」「旅行に行くなら、どこにするか」など、皆さんの自由な発想による答えを問うパターンですが、一般的にこれを苦手とする日本人は多いようです。枠にはめられた教育を受けてきたからなのかもしれませんが、日本語でも書きにくいのではないでしょうか。『改訂版TOEFL®テスト 学習法と解法テクニック』(アルク刊)では独立型問題として出題されると思われる20のトピックと、そのIntroductionの解答例を掲載しました。また、付属のCD-ROMを使い本試験並の模試が体験できます。本書と同時に活用するとよいと思います。

では、日本人には難しいと思われる、この自由な発想を求めるパターンの設問例を挙げておきましょう。

例1　土地が与えられたら何に使うか？
筆者の塾でこのトピックを使って試したところ、ETSのCriterion®という自動採点システムの結果、生徒たちの得点は一様に芳しくありませんでした。非常に難易度の高い設問です。ちなみに、筆者の書いた解答は、「盲導犬（guide dog）の訓練に使う。なぜならば、目や耳の不自由な人たちに役に立ち、これからの高齢化社会にも役に立つから」という内容でした。

例2　十分な資金と時間があれば何を発明したいか？
昔からあるオーソドックスなトピックなのですが、やはり、難しい設問です。筆者は「瞬間移動装置（transporter）で世界中を旅したい」という内容で書きました。

例3　あなたの国で一番重要な動物（植物）は何か？
植物に関しては、日本で育った人は書きやすいようです。多くの人が「桜」あるいは「稲」にします。動物は難しいようです。ペットと書く人がいますが、これはあまりにも範囲が広すぎます。筆者が生徒に渡している解答例では、イリオモテヤマネコ（Iriomote〈Mountain〉Cat）を題材に希少動物保護の重要性と開発の危険性について述べてあります。本試験でこの例を使って書いた生徒は、CBTのライティングで満点だったそうです。

ほかにも「21世紀の変革」「過去100年におけるあなたの国の最も重要な発明」などがあります。簡単なトピックに見えても、実際に書くと非常に難易度が高い問題が含まれていますので注意しましょう。

◆**賛否を問う／好みを問う問題**
　比較的書きやすいのが、賛否を問う問題や好みを問う問題です。たとえば、「あなたの近隣にショッピング・センターができるとしたら賛成するか」「人間は多くの動植物の生息域を破壊してきたという考えがある。この意見に賛成するか反対するか」などです。前者では、メリットとデメリットの比較を行うと書きやすいでしょう。後者では、自然保護的な考え方を打ち出すと書きやすくなります。

◆**リストから何かを選択する問題**
　比較的出題頻度は低いのですが、「次のうち、どのボランティア活動をしたいか」といった問題があります。自分の体験を交えた内容にしなければなりませんから、アウトラインの作成に十分に時間を取ってください。

Chapter 4

Practice Exercises
Task 1 実践トレーニング
[統合型問題]

- 76 問題1
- 84 問題2
- 92 問題3
- 100 問題4
- 108 問題5

問題 1

リーディング・パッセージ

Directions: You will have 3 minutes to read the passage. You may take notes if you like.

A recent linguistic study of American speech found many subtle gender differences. The amount of certain speech patterns found among professionals in the United States can only be explained by gender.

Contrary to some researchers' expectations, men were found to be more talkative in formal situations. An experiment was conducted with mixed-gender groups of medical doctors. They were observed during meetings. In this case, both men and women shared equal amounts of professional knowledge. Throughout the observation, men were found to speak longer and more frequently. They also interrupted more, and at the same time, resisted being interrupted more often than women. This was found to be especially true in professional contexts, such as business meetings and conferences.

In these contexts, women and men asked questions differently. Women took less time to ask questions and would ask them one at a time. In contrast, men tended to offer more information before asking questions in front of others and showed a tendency to ask more than one question at a time. In these formal settings, women spoke less about their professional experience. However, women were found to speak more in informal contexts and when men were not present. In collaborative situations, where the speakers were required to contribute to and develop an idea, women spoke more. From these studies we may conclude that there are subtle but significant gender differences among the professionals studied.

リスニング 04

メモ欄

Directions: You have 20 minutes to plan and write your response. Your response will be judged on the basis of the quality of your writing and on how well your response presents the points in the lecture and their relationship to the reading passage. Typically, an effective response will be 150 to 225 words.

設問

Question: Summarize the points made in the lecture, being sure to explain how they cast doubt on specific points made in the reading passage.

訳例とスクリプト

[パッセージの訳例]

アメリカ人の話し言葉に関する最近の言語研究では、男女間で微妙な違いが数多くあることがわかった。アメリカで専門職に就いている人たちの間で、これだけ特定の話し方があるということは、性別をもってしか説明することができない。

一部研究者の予想とは裏腹に、公式の場では男性のほうがよく話すことがわかった。男女混合の医師のグループを対象にした実験が行われた。彼らをミーティングの間、観察するというものだ。この場合、男女とも持っている医学的知識の量は変わらない。観察を通してずっと、男性のほうがより長く、そして、より頻繁に話をしていた。発言を遮ることも多かったが、同時に話に割り込まれることに抵抗を示す回数も多かった。この傾向は特に、仕事上の会合や会議など、話の内容が職業に関するものの場合にいえることだった。

こうした話の中では、女性と男性では質問の仕方が異なった。女性のほうが質問時間が短く、1回に聞く質問は1つだった。それに対して、男性は質問をする前にほかの人たちの前で自分の知っていることを話し、1回に複数の質問をする傾向があった。このような公式な場では、女性のほうが自分の職業上の経験を話すことが少なかった。しかし、非公式な場だったり、男性がいなかったりした場合には、女性のほうがよく話をした。発言者が協力して構想を練るといった共同作業の場では、女性のほうが多く話をした。こうした調査から、対象となった専門家集団の中では、男女間には微妙ではあるが重要な相違点があると結論づけることができる。

[講義のスクリプト]

Narrator:

Now listen to part of a lecture on the topic you just read about.

Professor:

For the first few minutes of class, I want to open a discussion of gender differences in speech in America. In terms of doing research, the variety of cultures and communication styles existing in the United States presents practical challenges for the study of speech styles. If we are to claim that any gender difference does exist, things such as culture, age, rank, and communication style need to be accounted for as variables. Academic and business environments have been the base for some of the research into speech differences that we will read about in this course. The advantage of using meetings and professional contexts is these places tend to gather people of similar backgrounds, skill sets, and values. The context of an office or a faculty meeting room requires its own protocols and speech style, which helps to prevent speakers from emphasizing individual differences. Knowing this, we can attempt to isolate gender differences for the purpose of study.

Some have said that what sets women's speech apart, in English, is it uses certain patterns more frequently than men's speech. However, we have not seen any quantitative difference between men's and women's speech.

In our studies, women, more than men, tend to employ disclaimers, tag questions, and question-statements. Let me briefly explain these terms. Disclaimers... An example would be "From what I've heard ..." or "I don't know whether you were aware of this, but ..." Tag questions are short questions that are added to statements. An example would be, "It's been a long day, hasn't it?" "Hasn't it" is often tagged onto the end of a statement to seek agreement. Question-statements such as "Can you get the phone?" or "Would you see who's at the door?" take the place of more assertive patterns for making requests in English.

Many researchers are trying to quantify gender differences in language. Not enough data exists to say for sure whether women use the above patterns more than men. Yet a number of researchers have suspected it. Sociolinguistics aims to use this discourse data to explain more subjective phenomena and power relationships present in language.

[講義の訳例]
　授業の初めに、アメリカにおいて男女間に存在する話し方の違いについての考察を行いたいと思います。調査をするという点について言うと、アメリカには多種多様な文化とコミュニケーション方法が存在するため、話し方の調査をするということは実際問題、大変です。男女間には違いが存在すると主張しようとするなら、文化、年齢、階級、そして、コミュニケーション方法といったことが変数として考慮される必要があります。学術環境とビジネス環境が、これからこの講座で取り上げる、話し方の違いに関する研究の一部の題材となっていました。ミーティングや職場環境を利用する利点は、こうした場所には同じような経歴、技能、価値観を持った人たちが集まる傾向があることです。会社や教授会の会議室といった状況では、それぞれの慣習や話し方が求められ、そのため、発言する人たちは個人的な違いを全面的に出すことができません。このことがわかっているので、研究目的として男女の違いだけを抽出しようとすることが可能なのです。
　英語において、女性の話し方を特徴づけるのは、男性に比べて、一定の決まったパターンがよく使用される点だと言った人がいました。しかし、男性と女性の話し方の間に、量的な違いはまだ見えていません。
　私たちの研究では、女性は男性よりも、断り、付加疑問、疑問陳述を使う傾向があります。これらの用語を簡単に説明しましょう。断りとは、たとえば、「私が聞いたところによると…」や「このことをご存じだったかどうかわかりませんが…」といったようなものです。付加疑問は文に短い疑問文をつけたもの。たとえば、「長い1日でしたね」という文です。同意を求めるために、「ね」がよく文の最後につけられます。「電話に出てもらえますか」や「誰が訪ねてきたか見てもらえますか」といった疑問陳述は、英語でもっとはっきりと要求するときに使われる言い方の代わりです。
　多くの研究者が、言語における男女間の差を定量化しようと試みています。上に述べたようなパターンを男性より女性のほうが使うのかどうかについては、断言できるほどの十分なデータはありません。しかし、多くの研究者はおそらくそうだろうと考えてきています。社会言語学では、この会話データを使って、言語に存在するさらに多くの客観的な現象と力関係を説明しようとしています。

[設問訳]
　講義のポイントを要約しなさい。その際、必ずリーディング・パッセージに書かれている具体的なポイントについて、どのように疑問を投げかけているかを説明しなさい。

解答例と添削

解答例1　Low-Level　　　［得点］1.0 - 2.0

Ginder issues are more important in America. In giving a speech, people obcerbe more often ginder differences. The passage said that current linguistic study shows that men are talkative than women. Men try to speak longer and more ferequently than women do.

The speaker told that the idea is wrong. There is no obserbable differences among people. However, the speaker said women often ask questions like could you? or hasn't it and try to ask men a favor. So that, the speaker does not agree with the idea that men speak more. <u>She believes that women ask more to let men do something for them.</u>

With obwerving situations in meetings and conferences, she believes it is fair to say that no ginder differences are there.

Many reserchers, according to the passage, conclude there are significant ginder differences among the professoional studies. They are very against the subject what the speaker said.

（150語程度）

解説

　規定語数に達したということで、1～2点にしました。しかし、パッセージにも書かれている単語（gender）で4カ所もスペルミスを犯しているのは致命的です。これだけで1点近く減点されるでしょう。ほかにも網掛けの箇所でスペルミスを犯しています。

　この設問のメインテーマは、gender differenceが（会議などのフォーマルな場所での）会話の中に存在するかどうか、ということです。ですから、下線を引いた第2パラグラフのShe believes that women ask more to let men do something for them.は意味がわかりませんし、themが指しているものがwomenなのかmenなのか明確ではありません。第2パラグラフでは、disclaimersなどの講義の内容を完全に聞き違えたと判断されます。そのために、ある程度はパッセージの内容を把握しているにもかかわらず、講義の内容を関連づけることができていません。

　繰り返します。パッセージに書かれていて、かつ、トピックに関する重要な単語のスペルミスを2種類以上も犯した場合には1点減点となる。これが、この解答例の最も大きな問題点の1つです。

解答例2　Mid-Level　　　　　　　　　　　　　　　　　［得点］2.5 - 3.5

Although the passage states that there are some gender differences between male and female speech patterns in professional settings, the lecturer states that there is no significant difference nor any quantitative data to support it.

In the reading, it says that male professionals tend to speak more and hesitate to be interrupted when they speak in professional meetings or conferences. On the contrary, woman professionals tend to speak less. However, the lecturer states that there are no findings on those ideas unless age, power, or culture difference exists.

The lecturer further examined three speech patterns. They are 1) disclaimers 2) tag questions, and 3) question-statements. <u>Though, she said there is no difference between the two genders, if they both have the similar backgrounds, age and power.</u> This idea posits different contexts to what the passage observes.

（140語程度）

解説

　この解答例は、ほぼ正確に講義を聞き取れているようですが、第3パラグラフで大きな間違いを犯しました。下線を引いた箇所を見ましょう。
　教授は、In our studies, women, more than men, tend to employ disclaimers, tag questions, and question-statements.と述べています。しかし、教授は同時に、Not enough data exists to say for sure whether women use the above patterns more than men.とも言っているので、混乱したのでしょう。このような内容的な間違いを差し引いても、文章構成はよいといえます。語数は少ないのですが、ある程度の得点を獲得できるでしょう。
　では、次のページに掲載した模範解答（Revised Essay）を見てください。第3パラグラフを変化させることにより、高得点の解答に仕立てました。主に下線を引いた箇所を増補します。

模範解答　Revised Essay　［得点］3.5 - 4.5

Although the passage states that there are some gender differences between male and female speech patterns in professional settings, the lecturer states that there is no significant difference nor any quantitative data to support it.

In the reading, it says that male professionals tend to speak more and discourage interruptions when they speak in professional meetings or conferences. Furthermore, female professionals tend to speak less. The lecturer states that factors such as age, power, or cultural differences possibly account for the differences observed.

① Likewise, the lecturer casts doubt on the idea of using informal and collaborative settings to distinguish speech patterns between males and females. In the reading, it states that women talk more than men in informal and collaborative settings. However, the lecturer states that both males and females use certain protocols and speech patterns in formal settings. Thus, researchers can isolate only gender differences. Therefore, only formal settings are suited to the observation of gender differences without having the individuals' social status, or cultural differences interfere.

② <u>Finally, the lecturer further examines three speech patterns.</u> They are 1) disclaimers, 2) tag questions, and 3) question-statements. ③ <u>She states that women seem to use these patterns more often than men do.</u> ④ <u>However, there is not enough data to quantify the gender difference in their use, although many researchers think there may be a difference.</u>

（220語程度）

［要約］

　パッセージには、職場での男女の話し方に差があると書かれていますが、講師はそれを証明する十分なデータはないと言っています。
　リーディング・パッセージには、専門職に就いている人たちの場合、仕事の話になると男性のほうがよく発言するとありますが、教授はそうした違いは、性別以外の要素によるものだと言います。
　また、講師は、男女の話し方の違いを探るのに、非公式な状況や共同作業の場を研究対象にすることに疑問を投げかけています。リーディング・パッセージには、こうした場合は女性のほうがよく話すと書かれていますが、講師は男女とも一定の規則のもとに話をしている公式の場のほうが、男女間の違いだけを取り上げることができるため、研究対象として適切だと述べています。
　最後に、講師は3つのパターンを取り上げ、女性のほうがこうした言い方をよく使うと言っています。多くの学者が男女間にそうした違いがあるのではないかとは思っていますが、そう言い切れるほど十分なデータはありません。

解説

[難易度] ★★★（きわめて高いレベル）

　この問題は反論タイプです。このタイプは高得点をねらいやすいと第2章では述べましたが、この問題の場合は、パッセージと講義の難易度が非常に高くなっています。特に、講義はメモが取りにくい内容です。disclaimersや、tag questions、question-statementsなどの語句をはっきり聞き取れるようになると、高得点が期待できます。

　また、パッセージと講義の対比箇所を明確にしにくい点も、難易度を押し上げている要因でしょう。パッセージでは、フォーマルな会議などでは男性がよく話す、女性はあまり発言しない、と述べています。他方の講義では、このような観点は認められると考える研究もあるが、数値化できない、と述べています。これが、第1のポイントです。第2のポイントは、フォーマルではない状況では女性がよく話すとパッセージで述べている点です。しかし、講義では、フォーマルな環境のみが性差を示すと指摘しています。この2点において主な疑問を呈しているのです。これを理解すれば高得点がねらえます。

❶ Point 1　第3パラグラフ全体で研究対象の的確性を述べる

　パッセージでも、講義でも、「専門会議ではある特定の用語などが使われるため、個体差は見られない。よって、そこは性差を調べるのによい場所である」と述べています。それを①で明示し、フォーマルではない場所での研究は意味がない、と言っています。

❶ Point 2　3つのパターンは会議などでは見られない

　この講義の難易度を高くしているのは、②で述べられている3つの言葉、disclaimers、tag questions、そして、question-statementsの説明です。これらのスピーチパターンは、講義の文脈によると、会議など男女間の性差が生じる場所には見られないと考えられます。そのため、付け加えることにしました。

❶ Point 3　教授は性差があると考えている

　③と④に書いてあるように、スピーチパターンの3点について、教授は性差があると考えているのです。疑問を呈する(cast doubt)形式の問題ですが、正確な情報を伝える必要もあります。そのため、疑問を呈していない情報についても、講義の中で重要な部分を占めているので伝えなければなりません。

問題2

リーディング・パッセージ

Directions: You will have 3 minutes to read the passage. You may take notes if you like.

Earth Day has been observed for more than three decades, and yet the assault on our planet has continued unabated. Many of the problems that were the focus of the early campaigns to save the earth are with us today including excessive energy use, depletion of traditional sources of energy, negative agricultural impact on the environment and consumer trends that contribute to environmental problems.

In the area of energy, some improvements have been made; however, 95 percent of the world's energy needs are still being met by the burning of fossil fuels — oil, coal and natural gas. The resulting climate changes are becoming hard to ignore. As more nations become industrialized, especially China and India, the competition for fossil fuels will become intense and we can only anticipate an escalation in their use and even greater environmental damage.

Agriculture has also been cited as injurious to the environment. Not only are more chemicals being used to produce crops and yield, but consumption is rising. Much of this consumption is for the feeding of livestock. In the U.S., 75 percent of domestic grain is for this purpose. Precious water resources are also being used in excess for meat production. There is the additional problem of methane gas emissions from these animals.

We are ignorant of how our personal habits and lifestyles impact on the environment. We are wasteful, and the problems related to trash and to even toxic waste cannot be ignored. Each time we are tempted into buying the latest new version of a gadget we already have, we are contributing to the problem. We need to become better educated and informed, and then, perhaps, we can change not only ourselves, but government policy.

リスニング 05

メモ欄

Directions: You have 20 minutes to plan and write your response. Your response will be judged on the basis of the quality of your writing and on how well your response presents the points in the lecture and their relationship to the reading passage. Typically, an effective response will be 150 to 225 words.

設問

Question: Summarize the points made in the lecture, being sure to specifically explain how they answer the problems raised in the reading passage.

訳例とスクリプト

[パッセージの訳例]

　アースデーの活動が始まってから30年を超えたが、地球に対する攻撃は衰えぬままだ。当初、地球を救おうとするこの運動の焦点となっていた問題の多くが未解決のままで、その中には、エネルギーの過剰消費、従来のエネルギー源の減少、農業が環境に及ぼす悪影響、消費者動向などがあり、それが環境問題の原因となっている。

　エネルギーの分野ではいくらかの改善がなされてきた。しかし、世界のエネルギー需要の95％はまだ、石油、石炭、天然ガスといった化石燃料を燃やすことでまかなわれている。その結果として起きている気候変動は、無視できないほど激しいものになっている。中国、インドを筆頭に、工業化された国が増えたことで、化石燃料を求める競争が増し、今後はその使用が増加して、環境への影響がさらに大きくなると予想せざるをえない。

　農業もまた環境に害を及ぼす原因と考えられている。農作物の生産に使われる化学薬品の種類が多くなっているだけでなく、その消費も増えている。この消費の大部分が、家畜飼料向けである。アメリカでは、この目的のために国内生産穀物の75％が使われている。貴重な水資源もまた、食肉の生産に過剰に使用されている。さらに、こうした動物が発生させるメタンガスの問題もある。

　私たちは自分たちの習慣や生活様式が環境に与える影響について無知である。私たちはよくものを捨てるが、ゴミだけでなく有害廃棄物にさえ関連する問題は無視できない。すでに持っている器具の最新版を買いたくなるたびに、私たちは環境問題の原因をつくっているのだ。私たちはもっと教育され、情報を知る必要があり、そうすれば、おそらく、自分たち自身だけでなく、政府の方針までも変えることができるだろう。

[講義のスクリプト]

Narrator:

Now listen to part of a lecture on the topic you just read about.

Professor:

　　As a biologist and environmental consultant, I regularly come face to face with the problems of how to curb deforestation, habitat loss, extinction, CO_2 emissions, and even the spread of epidemics. As a bundle, all of these issues amount to the question, "How can we save the Earth?" It's my job as a consultant to find answers. Then it is up to my clients to decide which measures they are prepared to take on board. This is where the real difficulties emerge. We'll get into how the real obstacles to environmental action occur next session, but I want you to do the assigned reading beforehand. It's titled, "Implementation Issues in Environmental Research and Consulting."

　　If you want a wish list for how to save the Earth, I can tell you to look at our website. There, we have posted a simple recipe for environmental action. I'll briefly go through the bullet points. Try to conserve energy, recycle, walk or use public transportation, eat less meat and processed foods, use alternative energy sources, distance yourself from advertising, educate yourself about nature and the issues at hand.

Fundamentally, the only way to protect our future in the Earth's ecosystem is to change our culture. You may be thinking to yourself, what is a biologist going to tell me about values or culture? However, as biologists and consultants, my colleagues and I have found that empirical data alone do not seem to be enough to convince governments, businesses, or the public. As soon as we stop thinking that the ability to waste equals wealth and success, and once we agree that infinite growth is not the only ideal, then the motivation for putting the Earth first will occur before it is too late.

[講義の訳例]
　私は、生物学者、そして環境コンサルタントとして、森林破壊、生息地喪失、絶滅、二酸化炭素排出、また、伝染病のまん延についても、その抑制方法といった問題に常日ごろ直面しています。ひっくるめると、すべては、「どのようにすれば地球を守れるか」という疑問に集約されます。その答えを探すのは、コンサルタントとしての私の仕事です。そして、そのうちのどの方法を受け入れるつもりがあるかは、私の顧客次第です。ここに本当の問題が浮かび上がるのです。環境保護活動に対する真の障害がどのようにして起きるのかについては、次回の講義で触れますが、事前に課題図書を読んでおいてください。本のタイトルは『環境調査とコンサルティングの実現における問題』です。
　地球を守る方法について必要だと思われる事項の一覧が欲しければ、私たちのウェブサイトを見てください。そこには、環境保護活動に関する簡単な処方せんが掲載されています。箇条書きの部分をざっと見ておきましょう。エネルギーを節約する、リサイクルする、徒歩か公共交通機関を利用する、肉や加工食品の消費を減らす、代替エネルギー源を利用する、広告と距離をおく、自然と懸案となっている問題について学ぶといった努力をする、とあります。
　基本的に、地球の生態系における私たちの未来を守る唯一の方法は、私たちの文化を変えることです。皆さんは、生物学者が価値観や文化について語れることがあるのだろうかと思うかもしれません。しかし、生物学者兼コンサルタントである私と私の同僚は、経験上のデータだけでは、政府、企業、または一般大衆を納得させるには十分ではないようだとわかりました。浪費できることが富や成功だと考えることをやめた瞬間に、そして、限りない成長だけが理想ではないと意見が一致すれば、地球のことを第一に考える気持ちが手遅れにならないうちに出てくるのです。

[注]
欧米の多くの教授たちは、企業などのコンサルタントを兼務しています。

[設問訳]
　講義で述べられたポイントを要約しなさい。その際、必ずリーディング・パッセージに書かれている問題について具体的にどう答えているかを説明しなさい。

解答例と添削

解答例1　Low-Level　　　　　　　　　　　　　　［得点］1.0 - 2.0

The lecturer is now facing difficulties when she guides her clients because the environmental issues are so broad that she cannot pinpoint the problem each client has. They should walk or use public transportation to the office or so many complicated matters are there.

On the other hand, the passage clearly suggested that we have used too much energy using fossil fuels. The passage implies that China and India and other industrializing nations should stop their use of energy resources; hence they should stop industrialization.

The lecturer is a biologist and <u>want</u> to make some brief recommendations <u>so that we stop eating meat</u>, because the passage said that 70 percent of grain is used for feeding livestock.

<u>Due to we have Earth Day</u>, we should reconsider what we need only if we want to preserve lands.

（140語程度）

解説

　この講義では、パッセージ内容を踏まえたうえで、さまざまな方策を採るべきだと述べています。しかし、解答例では、教授が「クライアントの問題点が特定できずに困っている」という内容から始まっています。さらには、パッセージとの対比がなされていません。エネルギー問題では、パッセージの内容を拡大解釈しています。最後の文にあるEarth Dayの記述に関しては、語数を増やしたいだけの作文と捉えられかねない内容となっています。

　文法にも間違いがあります。下線を引いた箇所のdue toの用法です。名詞（句）が後ろに続くべきですが、節を用いています。また、wantのところでは数の一致もなされていません。さらに、語法の問題として、so thatの下線部では、recommendationsと肉を食べることとの因果関係がわかりにくくなっています。such asなどに置き換えたほうがいいでしょう。このような文法的なミスを考えると1点減点となるでしょう。

解答例2 Mid-Level ［得点］3.5 - 4.5

The lecturer states that immediate action should be taken to stop damaging the current deteriorating ecosystem. <u>The causes of this deterioration are mainly 1) overuse of fossil fuels, 2) eating too much meat, and 3) deforestation as stated in the passage.</u>

In order to cope with this imminent problem, we may reconsider what our culture should be. Should we use so much energy? <u>The lecturer points out the use of public transportation and walking. Why shouldn't we eat so much meat? We can acquire nutritious foods directly from grains.</u> These kinds of things will preserve our precious natural resources as well as conserve energy.

The passage states that emerging industrialization in China and other countries may also further the deterioration of the natural environment. The lecturer also says that our way of life should change accordingly.

<u>Finally, the lecturer states that a collective-action should be made to persuade governments.</u> The whole community should abide by some kinds of conservation efforts in order not to deplete natural resources and worsen the whole planet.

（170語程度）

解説

　これは解答タイプの問題ですから、講義で、パッセージで提起された疑問に対する解答が述べられています。この解答例は比較的よく書けていますが、講義内容に関して、第2パラグラフで個人的な意見を述べてしまっているのは残念です。全体的に見てバランスは取れているのですが、下線を引いた箇所で若干の間違いも犯しています。
　では、その下線を引いたセンテンスを中心に添削を施し、高得点の解答に作り変えてみましょう。

模範解答　Revised Essay　　　　　　　　　　［得点］4.0 - 5.0

The lecturer states that immediate action should be taken to stop damaging the ecosystem. ① <u>The causes of this deterioration are mainly 1) the overuse of fossil fuels, 2) depletion of traditional energy sources, 3) the negative impact of poor agricultural practices, and 4) a wasteful lifestyle as stated in the passage.</u>

In order to cope with this imminent problem, we ought to reconsider what our culture should be. Should we use so much energy? ② <u>The lecturer points out some remedies to solve these environmental issues. We should use public transportation, recycle, eat less meat, and use energy from alternative sources.</u> These kinds of things will preserve our precious natural resources as well as conserve energy.

The passage states that emerging industrialization in China and other countries may also further the deterioration of the natural environment. The lecturer also says that our way of life should change accordingly.

③ <u>Finally, the lecturer states that empirical data cannot persuade individuals, governments or corporations. We have to rethink our current culture and encourage awareness of the environment.</u> The whole community should abide by conservation efforts in order not to deplete natural resources and worsen the situation the whole planet is in.

（200語程度）

[要約]

　講師は、すぐさま生態系の破壊を止める行動に出るべきだと言っています。主な破壊の原因は、1）化石燃料の過剰消費、2）従来のエネルギー源の減少、3）農作業の悪影響、そして、4）無駄の多い生活様式です。
　私たちは、大量のエネルギーを使う文化について再度検討する必要があります。講師は、公共交通機関を使い、リサイクルをし、肉の消費を少なくし、代替エネルギーを使うことで、エネルギーを節約し、貴重な天然資源を守るべきだと言います。
　パッセージには、新興工業国も環境破壊を進行させるだろうと書かれています。講師は、私たちの生活様式を適宜変えていかなくてはならないとも述べています。
　最後に講師は、経験上のデータでは、個人、政府、企業を説得できないと言っています。私たちは今の文化を見つめ直し、環境に対する意識を高める必要があります。環境保護には世界全体で取り組むべきです。

解説

[難易度] ★（低レベル）

　この解答例は満点になるでしょう。解答タイプの問題として、それほど難易度は高くありません。また、パッセージも比較的読みやすく、講義もリスニング・セクションでよく出題される内容のため、理解しやすいと思います。
　それでは、添削のポイントを見ましょう。

❶ Point 1　パッセージの内容を正確に把握

　パッセージの第1パラグラフに、原因として4つの事柄を挙げています。その内容をほぼ正確に書き直した箇所が、①です。

❶ Point 2　講義における解答を述べる

　②では、講義の第2パラグラフに述べられていることを列挙しました。そして、はっきりとThe lecturer points out some remedies ....と述べることにより、提起された問題に解答していることを示せるのです。また、解答例2の第2パラグラフ下線部のWe can acquire nutritious foods directly from grains.のセンテンスを削除しました。パッセージではその内容を暗示（imply）しているように見えますが、書かれてはいないので、自分の意見を述べたことになってしまいます。統合型問題では、いっさい自分の意見を入れてはいけないのです。

❶ Point 3　集団的行動ではない

　現代文明に関して人々の意識変革が必要だと、講義の最後で述べられています。解答例2では、collective-action（集団行動）という言葉を使っていますが、これは団体訴訟などで用いられる用語です。しかし、教授は全員の意識変革を求めているのです。その点を③でより明確にし、経験値だけではすべての人の行動を変化させることはできない、という教授の意見をまとめました。

問題3

リーディング・パッセージ

Directions: You will have 3 minutes to read the passage. You may take notes if you like.

Animals have been cloned since the second half of the 20th century. The tadpole was the first animal to be cloned. That occurred in 1952. From that point, hundreds of types of animals have been cloned, but the range of species is very limited.

In 1997, Dolly the Sheep became the first mammal to be cloned from adult DNA. She was created from another sheep which had died years before. Scientists used DNA information from the other animal to create Dolly with identical nuclear DNA. The process used to create her from adult DNA is called somatic cell nuclear transfer or SCNT. Genetic material is transferred from an adult DNA nucleus to an egg, and then electric current is used to stimulate cell division or the basic process of life. If successful, the cloned embryo is transferred to the uterus of a female sheep for gestation. This process was successful with Dolly.

Although Dolly lived for six years and later gave birth, she lived only half the average life span of a sheep. Discoveries were made concerning the life of cells. This raised a number of questions about the advisability of cloning. Further research will be undertaken to discover why the cells could not sustain an average span of life. In Dolly's case, cells were reprogrammed to create an entirely new organism.

During her lifetime, Dolly became a symbol to some for unbridled scientific activity. Dolly was generated only after 276 failed attempts. Although reproductive cloning yields mostly unintended or unwanted results, scientists have great hope for various positive applications of reproductive cloning.

リスニング 06

メモ欄

Directions: Directions: You have 20 minutes to plan and write your response. Your response will be judged on the basis of the quality of your writing and on how well your response presents the points in the lecture and their relationship to the reading passage. Typically, an effective response will be 150 to 225 words.

設問

Question: Summarize the points made in the lecture, being sure to explain how they strengthen specific points made in the reading passage.

訳例とスクリプト

[パッセージの訳例]

　20世紀後半から動物のクローンが作られている。初めてクローン化されたのはオタマジャクシである。それは1952年のことだった。それ以来、何百種類もの動物のクローンが作られてきたが、対象となる種は非常に限られている。

　1997年に、羊のドリーが成体のDNAからクローンが作られた初のほ乳類となった。ドリーはその数年前に死んだ羊から作られた。科学者らはその個体のDNA情報を使って、それと同じ核DNAを持つドリーを作ったのである。成体のDNAからドリーを作った際に使用された方法は体細胞核移植（SCNT）と呼ばれている。遺伝物質が成体のDNAの核から受精卵に移植され、その後、生命の基本プロセスである細胞分裂を刺激するために電流が流される。これがうまくいけば、クローン胚がメスの羊の子宮に移植され、妊娠状態となる。ドリーの場合、この方法が成功したのだった。

　ドリーは6年間生き延び、のちに出産もしているが、羊の平均寿命の半分しか生きられなかった。細胞の寿命に関していくつもの発見があった。このことがクローン作成の妥当性について多くの問題を提起した。細胞が平均寿命まで持ちこたえられなかった理由を解明するために、さらなる研究が行われるだろう。ドリーの場合、細胞の再プログラミングを行って、まったく新しい生命体を作っていたのだった。

　ドリーの生存期間には、ドリーを抑制のきかない科学活動の象徴と見る人たちもいた。たった276回の試みに失敗しただけで、ドリーは作られた。生殖型クローニングは、ほとんどの場合、意図しない、もしくは、望まない結果を生むが、科学者は生殖型クローニングがいろいろな面で建設的に利用されることに大きな希望を持っている。

[講義のスクリプト]

Narrator:
Now listen to part of a lecture on the topic you just read about.

Professor:
　For the next half of the class, I'd like to explain the expectations and risks associated with cloning. First, it is important to understand the different types of cloning. Therapeutic cloning involves harvesting "stem cells" or human embryos for the treatment of disease and for research aimed at learning about human development. The hope is for stem cells to be used successfully to treat cancer, heart disease, and other degenerative diseases associated with old age such as Alzheimer's.

　Reproductive cloning involves generating organisms from existing or prior ones. Although Dolly the Sheep is the most famous example of reproductive cloning, biomedical researchers hope to use this as a way to help endangered species such as the panda. In 2001, scientists raised some hopes when they generated an endangered species of a wild ox, but it died two days later.

　Some have questioned whether therapeutic cloning could be used in transplants. However, the possibility of using cloned limbs or generating organs for transplants is a matter for the distant future. Currently, adequate technologies for harvesting stem cells and creating human embryos are in a nascent stage. Nonetheless, it is not seen as impossible, but reproductive cloning remains extremely expensive and highly inefficient.

　　Although the public hears about the successes in the news, the success for reproductive cloning is less than one in a hundred. Also, all of the successful clones have had suppressed immune systems. Dolly the Sheep was put down after suffering from arthritis and lung cancer at the age of six. As with Dolly, most cloned animals do not live long enough to gather data on what is happening inside their bodies. We do not understand the aging process of cloned animals. Case in point, the first sheep cloned by Australian scientists died for no apparent reason. The animal looked healthy, and scientists have not been able to determine the cause of death to this day.

[講義の訳例]
　　これからの授業の後半では、クローニングに関する期待と危険性について説明したいと思います。まず大切なのは、異なる種類のクローニングについて理解することです。治療型クローニングでは、「幹細胞」、つまりヒト胚を摘出して、病気の治療に利用したり、人間の発達について解明することを目的とした研究を行います。幹細胞が、がん、心臓病、そして、アルツハイマー病など、高齢に伴って発症する退行性疾患の治療に役立つことが期待されています。
　　生殖型クローニングは、現存する生命体や過去に存在した生命体から、新たな生命体を作るというものです。羊のドリーが生殖型クローニングの最も有名な例ですが、生物医学研究者は、この手法をパンダのような絶滅危惧種を救う方法として利用したいと考えています。2001年に、絶滅危惧種だった野生の雄牛を作ったときには、科学者の間でいくらかの希望がわいたのですが、その牛は2日後には死んでしまいました。
　　治療型クローニングを移植手術に利用できるかという疑問を呈した人たちもいました。しかし、クローニングで作られた手足や生み出された臓器を移植に使用するのは遠い未来の話です。現在は、幹細胞を摘出してヒト胚を作ることができる技術の初期段階にあります。だからといって不可能だとは考えられていませんが、生殖型クローニングはいまだ非常に高価で、かなり非効率な状態のままです。
　　一般の人たちは生殖型クローニングが成功したというニュースを聞きますが、その成功率は100分の1未満です。また、誕生したクローンはすべて免疫系の働きが抑制されています。羊のドリーは6歳のときに関節炎と肺がんを発症して、安楽死させられました。ドリーのようにほとんどのクローン動物は、その体内で何が起こっているかについてのデータを収集できるほど長生きしません。私たちは、クローン動物の老化プロセスについて理解していません。典型的な例が、オーストラリアの科学者による初のクローン羊の死因が明らかではないことです。その羊は健康体に見えましたが、科学者は今日まで死んだ原因を究明できずにいます。

[設問訳]
　　講義のポイントを要約しなさい。その際、リーディング・パッセージに書かれていた具体的なポイントをどのようにして補強しているかを必ず説明しなさい。

解答例と添削

解答例1 Low-Level ［得点］1.5 - 2.5

Dolly the Sheep was a fantastic success in the reproductive cloning technology, according to the passage. On the other hand, the lecturer points out the possibility of using stem cells. For medical purpose, it is important to understand why the reproduced Dolly lived short. Degenerative mechanism will be discovered by examining stem cells of cloned animals, according to the lecture.

The study of stem cells will provide patients with lungs by using the cloning technology. Though, the probability of success in the experiments is still less than one in a hundred. The probability is much higher than the case of Dolly because it was almost 10 years ago. <u>Further research will be conducted to discover the reason why the cells could not sustain the average life span.</u>

The lecturer stated that Dolly and other endangered animals can be cloned in the future by using their stem cells. <u>Therefore, scientists have great hope for the reproductive cloning technology.</u>

（160語程度）

解説

　規定語数には達していますが、この解答例はかなり低い得点となります。原因は2つあります。1つには、stem cell（幹細胞）のcloningと、reproductive cloningを混同したため、教授がパッセージの内容に賛同していると考えた点にあります。

　もう1点は、下線を引いた部分で、解答を書くときにやってはいけない過ちを犯していることです。パッセージのセンテンスをほぼそのまま引用してしまいました。このような丸ごとの引用は採点者に悪い印象を与えます。パラフレーズ（p. 35参照）の訓練をしてください。

　語数を稼ぎたいという気持ちは、往々にして悪い評価につながりがちです。文法的にはミスがないので1点ということはないでしょうが、講義内容と設問の意味を理解していないと見なされます。

解答例2 Mid-Level   [得点] 2.0 - 3.0

The lecturer ① <u>casts doubts on</u> the reproductive cloning technology. Although the success of Dolly the Sheep has captured imagination of the public, the life of the sheep was really short. Thus, the process of reproductive cloning is still under careful examination. The passage states that many scientists hope to reproduce animals; on the other hand, it is still very immature technology that can yield one success in 100 experiments, according to the lecturer. ② <u>Thus, the lecturer does not convince the scientific world to continue its experimentation.</u>

③ <u>However, apart from reproductive cloning, the lecturer states possibility of using stem cells, which will provide patients with alternative and safe organs in the future. Therefore, the lecturer implies the stem cell study will be more promising for therapeutic treatment rather than cloning.</u>

(130語程度)

解説

　講義内容をかなり理解していると判断できます。語数が若干少ないためあまり高い点数は望めませんが、2つの種類のクローン・テクノロジーを整理して考えている点が、得点につながります。しかし、therapeutic cloningと、reproductive cloningの混同が見られます。また、パッセージとの対比も十分ではありません。
　それでは、下線を引いたセンテンスを訂正した、より高い得点の解答例を次に見てみましょう。

模範解答　Revised Essay　［得点］3.5 - 4.5

The lecturer ① <u>is ambivalent</u> about reproductive cloning technology. Although the success of Dolly the Sheep captured the imagination of the public, the life of the sheep was really short. Thus, the process of reproductive cloning is still under careful examination. The passage states that many scientists hope to reproduce animals. On the other hand, it is still very early technology that can only yield one success in 100 experiments, according to the lecturer. ② <u>Furthermore, scientists still have not solved the problems associated with the shorter lifespan of cloned animals. The lecturer underscores this problem by mentioning the sudden death of a cloned animal. At the same time, he states that high costs and inefficiency are common in reproductive cloning.</u>

③ <u>Apart from reproductive cloning, the lecturer states the possibility of using stem cells to someday provide patients with organ transplant opportunities and cures for degenerative diseases. However, he also states that this technology is also still young, as is the case in reproductive cloning.</u>

（170語程度）

［要約］

　講師は、生殖型クローニングに対して態度を決めかねています。羊のドリーは世間の注目を浴びましたが、その命はとても短いものでした。多くの科学者が動物の再生を望んでいても、講師が言うように、生殖型クローニングは成功率が低い、ごく初期段階の技術なのです。さらに、科学者はクローン動物が短命である原因をいまだ解明していません。また、講師は、生殖型クローニングは費用が高く、効率がよくないと言っています。

　生殖型クローニングとは別に、講師は幹細胞を使った臓器移植や退行性疾患の治療の可能性について触れていますが、この技術もまた、発展途上だと言っています。

解説

[難易度] ★★★（きわめて高いレベル）

　下線を引いた部分の訂正により、高得点がねらえる解答例となりました。以下のポイントに沿って具体的に分析してみましょう。なお、パッセージと講義の両方ともクローニングという難度の高いトピックであり、かつ、内容としても「問題点が残る技術」と述べているため、解答作成に際しては読解能力と文章構成能力の高さを要求されます。

❗ Point 1　教授の意見を示す

　解答2の文章では、casts doubts onという否定的要素を示していました。しかし、講義では、パッセージの内容を完全に否定しているわけではありません。①で述べたように、クローニング技術に関して「保留」した考えなのです。

❗ Point 2　より詳細な情報を入れる

　クローン動物が短命である原因が解明されていないことや、高コストで非効率だということを②に含めることにより、パッセージの内容を強めています。ちなみに、この第2センテンスで使われているunderscoreという語は「強調する」という意味です。

❗ Point 3　幹細胞技術の可能性について詳述

　③では、繁殖目的のクローニング以外に、幹細胞を使用して病理目的に使える可能性を述べました。しかし、同様にいまだに完成されていないものであることを述べたのです。そして、このことは繁殖目的のクローニングと共通する問題点であると指摘しています。

問題4

リーディング・パッセージ

Directions: You will have 3 minutes to read the passage. You may take notes if you like.

The field of advertising has come under attack in recent years by many who are just out to make a political point or extort large sums of money from reputable companies by making charges of false advertising or claiming harm in court. There have been an increasing number of frivolous lawsuits filed in the United States. A vast majority of these are without any legal merit.

Advertising is how a business lives or dies, and absurdity or amusement may be part of an ad's appeal. A good example of just such a suit is one filed by PETA, an animal rights group, claiming that the singing cows in a California Milk Board ad that were depicted as happy were, in fact, not happy, so this constituted false advertising. Consumers are not stupid and recognize this as amusement and not as a true product claim. In fact, many ads of this type are given awards for creativity and are very popular among consumers. No consumer was harmed, and the suit was filed for the sole purpose of making a political point. These kinds of suits cost the tax payers money and should not be tolerated.

With recent court awards reaching into the millions, some "bounty hunters" are filing claims against rival companies. Highly reputable companies are often targeted. The legal costs are passed on to consumers in higher prices. No one gains but the rival company.

リスニング 07

メモ欄

Directions: You have 20 minutes to plan and write your response. Your response will be judged on the basis of the quality of your writing and on how well your response presents the points in the lecture and their relationship to the reading passage. Typically, an effective response will be 150 to 225 words.

設問

Question: Summarize the points made in the lecture, being sure to specifically explain how they answer the problems raised in the reading passage.

訳例とスクリプト

［パッセージの訳例］

　近年、広告業界が、広告を差別問題にしたり、評判のいい会社に対して虚偽広告をしていると告発する、または、法廷で被害を訴えることで、多額の金をゆすり取ろうと躍起になっている多くの人たちの攻撃の的にされている。アメリカではここのところ、嫌がらせ訴訟の件数が増えている。このうちの大部分は法律的に何の利益もないことなのである。
　広告は企業が生きるか死ぬかの方法であり、くだらなさや娯楽の要素も広告の魅力の一部といえよう。そうした訴訟のいい例が、動物愛護団体PETAが起こしたもので、カリフォルニアミルク協会の広告に出てくる歌を歌う乳牛が楽しそうに描かれているが、実際には楽しいとは感じていなかったので、これが虚偽広告にあたると主張した。消費者は愚かではないので、これは娯楽と認識し、実際の製品の宣伝文句だとは捉えない。事実、こうしたタイプの広告の多くが独創性を買われて賞を受賞したり、消費者の間で大きな人気を呼んだりしている。損害を受けた消費者はなく、単に差別問題にしようという目的のためだけの訴訟であった。こうした類いの訴訟には税金が使われるので、許されるべきものではない。
　最近の裁判所が支払いを命じる賠償金額が数百万ドルに達しているため、ライバル会社を告訴する「賞金稼ぎ」もいる。評判の高い会社がよく標的にされる。裁判費用は、値上げという形で消費者につけが回される。得をするのはそのライバル会社だけである。

［講義のスクリプト］

Narrator:

Now listen to part of a lecture on the topic you just read about.

Professor:

　Fundamentally, advertising is supposed to inform consumers. If it contains exaggerations or false statements that mislead people, then there is recourse. In the United States, the Federal Trade Commission (FTC) is in charge of, and obligated by law to act against deceptive advertising practices.
　However, the FTC must follow rigorous procedures according to a set of laws called the FTC Act. If the FTC finds injury to consumers or competitors that is not outweighed by the benefits of a product or service, then a trade practice like advertising can be legally considered unfair. If this is proven, it is a lot easier to declare a trade practice deceptive. Then it falls under FTC jurisdiction.
　The majority of advertising cases regulated by the FTC are related to advertising fraud and deception. An example might be a domestic car advertisement that claims high fuel efficiency or safety. If these claims could not be substantiated and a customer suffered injury from faulty mechanisms that were falsely advertised, the FTC could be called to regulate the matter.
　However, if the government were to engage in deception per se over B.S.E.-tainted beef exports, the issue would revert to Congress as a matter of international trade. Practices overseen by the FTC also include violations of public policy because

these may relate to obfuscation of real dangers or risks stemming from a product or service. The FTC also serves to regulate trade across industries and eliminate ambiguity over what defines false advertising.

[講義の訳例]

　基本的に、広告とは消費者に情報を提供するものです。人に誤解を与えるような誇張や事実に反する文言があれば、法的手段がとられることになります。アメリカでは、連邦取引委員会（FTC）がその管轄にあたり、虚偽の広告活動を取り締まる義務を負っています。

　しかし、FTCはFTC法と呼ばれる一連の法律に従って、厳密な手続きを踏まなくてはなりません。商品やサービスがもたらす利益が消費者やライバル会社に対する損害を上回らないとFTCが判断した場合、広告などの商業活動が法的に公正を欠くものと見なされます。これが証明されれば、商慣習を虚偽であると公にすることはいっそう簡単です。そうなるとFTCの権限の及ぶところとなります。

　FTCにより規制されている広告に関する問題の大部分が、詐欺的もしくは虚偽の広告に関するものです。高燃費や安全性をうたった国内自動車メーカーの広告が1つの例になるでしょう。こうした宣伝文句の内容が立証できなかったり、偽って広告された欠陥構造によって消費者が負傷した場合には、その件の調整にFTCが呼ばれることがあります。

　しかし、BSEに汚染された牛の輸出に関して、政府が偽装に加担していたとしたら、その問題は国際貿易問題として議会に戻されます。FTCが見逃した商取引の中にも製品やサービスによる真の危険性が隠蔽されている可能性があるため、公益に反するものがあります。FTCはまた、業種間取引を監督し、虚偽広告の定義に関するあいまいさを排除するという役割を担っています。

[設問訳]

　講義で述べられたポイントを要約しなさい。その際、必ずリーディング・パッセージに書かれている問題について具体的にどう答えているかを説明しなさい。

解答例と添削

解答例1 Low-Level ［得点］1.0 - 2.0

<u>False advertising is leading consumers to buy their products.</u> In the lecture, it states that the importance of FTC roles. The FTC cannot and does not have to check International trade stating "<u>BSE is free.</u>" Although BSE beef is exported to other countries, it is not a matter of the FTC. The FTC concerns mainly to consumers in the United States. Recently, the lawsuits cost increases because rival companies want to degrade their competitors.

Regarding PETA case, the case is unfounded. The author of the passage said that the ads are very popular. <u>So that, the FTC don't have to worry about it, according to the lecture.</u>

FTC may use its power to protect consumers to save them. The FTC will not recommend political problems. So, an animal group will not meet the standard of the FTC.

（130語程度）

解説

　少しは講義を聞き取れているような気もしますが、基本的に理解していないことがわかります。冒頭の下線を引いた箇所を見ましょう。書き出しで「誤った広告」の定義が書かれていますが、講義ではmisleadと言っているのを、leadと聞き違えたのでしょう。しかし、次のように書き換えれば1点に近い解答も2点になる可能性がありますので、しっかりと講義を聞き取ることが重要です。

False advertising misleads consumers into believing that a company's products are good by implanting the wrong impression of their products, according to the lecturer.

　ほかにも、BSE is free.という意味がわかりません。また、第2パラグラフでも「人気があれば、FTCは手を出さない」というような誤った内容となっていますし、数の一致もされていません。
　最終パラグラフでは、聞き取れた言葉を羅列して講義でのFTCの役割とパッセージ内容を無理矢理関係づけようとしています。文法的なミスはあまりないので減点対象にはなりにくいのですが、何を言いたいのかわからないため、きわめて低い得点となります。

解答例2　Mid-Level　　　　　　　　　　　　　　　　　［得点］3.0 - 4.0

The FTC Act prohibits producers to advertise in such a way as to give a wrong impression that can mislead consumers. As an example, the lecturer presented a case in which a car manufacturer advertised falsely regarding their safe mechanisms, and injuries resulted. In this kind of case, the FTC plays its role as watchdog and acts to protect consumers.

The FTC does not step into political issues, including bilateral treaties. The lecturer stated that in the case of an International treaty such as the case of BSE contaminated beef exports, the FTC does not intervene ① <u>in a contrast to what the passage states about "cow ads award." Despite the magnitude of the incident and the misleading information regarding the safety of beef, the case is brought to Congress, not to the FTC.</u>

The FTC's role is to provide consumers with a safe measure, according to the lecturer. Though, in many cases, the lawsuits are done for merely attacking competitors as stated in the passage.

（160語程度）

解説

　この解答例の問題点は、ほとんどが講義の内容に偏っているということです。文法的にも語法的にも豊かなのですが、講義はどのようにパッセージに書かれた問題点に答えているか、という設問に明確な解答を与えていない点が気になります。
　この書き手のリスニング能力は高いと思います。FTCが果たすべき役割は消費者に向けられたものであり、政府間や政治的な内容に向けられたものではないとしています。下線を引いた箇所に多少の間違いがありますが、おおむね講義概要を把握していると見なされます。

模範解答　Revised Essay　　［得点］4.0 - 5.0

②According to the lecturer, the FTC regulates false and deceptive advertising. Although the passage states that there are many lawsuits concerning false advertising, the lecturer noted the importance of the role of the FTC Act.

③The FTC Act prohibits producers to advertise in such a way as to give a wrong impression that can mislead consumers. As an example, she suggested a case in which a car manufacturer falsely advertised how safe their mechanisms were, but then an injury or accident occurred. In this kind of case, the FTC plays its role as a watchdog and acts to protect consumers.

The FTC does not get involved in political issues including bilateral treaties. The lecturer stated that in a case concerning an international treaty, such as the case of BSE-contaminated beef exports, the FTC does not intervene.

The FTC's role is to keep consumers safe from false advertising, according to the lecturer. However, in many cases, lawsuits are filed merely to attack competitors, as stated in the passage.

④The FTC Act protects consumers' rights and safety. False advertising will violate the FTC Act only when consumers are, in a sense, fooled. The passage states that the number of cases being filed for false advertising is increasing, however most of these are not actually within the jurisdiction of the FTC.

（220語程度）

［要約］

　　パッセージには虚偽広告に関する訴訟が多いと書かれていますが、講師は虚偽広告を規制するFTCの役割の重要性を強調しています。
　　FTC法では、消費者が誤解しかねないような広告活動を禁止しています。自動車メーカーが安全性を不当に宣伝しておきながら、人身事故が起きてしまった事件がその一例です。そうした場合、FTCは監視の役目を果たし、消費者を保護します。
　　講師は、FTCはBSEに汚染された牛肉の輸出など、政治問題には関与しないと言っています。
　　FTCの役割は消費者を虚偽広告から守ることですが、現実にはライバル会社を攻撃するためだけの訴訟が数多く起こされています。
　　FTC法は消費者の権利と安全を守るものです。ただし、虚偽広告の告訴件数は増えていても、実際にはそのほとんどはFTCの管轄外なのです。

解説

[難易度] ★★（中レベル）

　パッセージと講義の比較を多くしてみました。そのことにより、パッセージの内容をよく理解していることがアピールできます。

🅿 Point 1　最初に設問に簡潔に答えてしまう

　パッセージでは、虚偽広告に対しての訴訟が増えていることを述べています。そして、講義では、連邦取引委員会（FTC）が虚偽広告の取り締まりを行う役目を持っていることを簡潔に述べています。この内容を②で書くことにより、パッセージと講義の両方を理解していることを示しているのです。

🅿 Point 2　連邦取引委員会の役目を明確にする

　③と④では、FTCの役目を明確にしました。パッセージに書かれている訴訟問題の大半が虚偽広告にあたらないことを述べています。つまり、この部分が設問に対する直接の解答になっているのです。しかし、難度の高いjurisdiction（管轄権）などの単語が含まれていますので、リスニング能力が不可欠です。

🅿 Point 3　より重要な情報を入れ、不要部分を削除

　解答例2にある①のセンテンスは、ある意味で重要です。しかし、それはFTCの関与しないところ、という内容で終わらせていいのです。そのため、全体のバランスと規定語数を考えて削除しました。

問題5

リーディング・パッセージ

Directions: You will have 3 minutes to read the passage. You may take notes if you like.

 The Pyramids of Giza (Khufu, Chephren, and Menkaure) were built as tombs for the ancient kings of Egypt between the 3rd and 6th dynasties. They were constructed over 4,000 years ago. Now, over 100 pyramids are known to exist in Egypt. The largest pyramid, in honor of King Khufu, measures over 140 meters high and was constructed circa 2550 BC. It is obvious that the pyramids required immense human resources. However, the impressiveness of the pyramids misled many leading scholars throughout history to overestimate their enormity. One such estimation figured that 18 men were needed for every ton of the pyramids. Since each block weighed 1.5 tons on average, three-hundred thousand laborers were needed to be at the building site at any given time with many more tens of thousands supplying building materials. This would require ancient Egypt's population to be upwards of eight million people. Archaeologists conclude that could not have been possible, and estimate the population was one-eighth of the number many have suggested as fact.

 Egyptologists have used a series of re-enactments aided by computer modeling software to surmise that only nine or ten adults could have leveraged a two-and-a-half ton building block. This is significant because it represents a fraction of the manpower and nearly quintuple the power long assumed by most people. Herodotus, a Greek historian, reported that one hundred thousand people constructed the pyramids. After centuries of exaggeration, this number seems more fairly rational.

リスニング 08

メモ欄

Directions: You have 20 minutes to plan and write your response. Your response will be judged on the basis of the quality of your writing and on how well your response presents the points in the lecture and their relationship to the reading passage. Typically, an effective response will be 150 to 225 words.

設問

Question: Summarize the points made in the lecture, being sure to specifically explain how they answer the problems raised in the reading passage.

訳例とスクリプト

[パッセージの訳例]

　ギザのピラミッド（クフ王、カフラー王、メンカウラー王）は第3王朝から第6王朝の間に、古代エジプト王の墓として建てられた。4000年以上前に建設されたものである。現在エジプトには、100を超えるピラミッドがあることがわかっている。クフ王に敬意を表して造られた最大のピラミッドは、高さが140メートルを超え、紀元前約2550年に建てられた。ピラミッド建設には膨大な数の人手が必要だったことは明らかだ。しかし、ピラミッドの威厳に惑わされ、歴史を通して多くの一流学者がその巨大さを過大評価していた。そうした推測の1つに、ピラミッド1トン分には18人の人間を必要としたとする計算があった。ブロック1つが平均1.5トンなので、建築現場には常時30万人の労働者と、さらに、建築資材を供給するのに数万人が必要となる。この計算でいくと、古代エジプトの人口は800万人以上でなければならない。考古学者は、それはありえない数字で、実際には多くの人たちが事実だと信じていた数の8分の1だったと見積もっている。

　エジプト学者は、コンピュータの模型製作ソフトを利用した一連の再現をもとに、たった9～10人で2.5トンの建築用ブロックをテコを使って動かすことができたであろうという推測を立てた。長らくほとんどの人たちが考えていた人数の数分の1で、力は約5倍であることを表すため、これは大きな意味を持つ数字である。ギリシャの歴史家ヘロドトスは、10万人でピラミッドを建設したとする説を発表した。何世紀もの間、誇張されてきたが、この数字のほうがかなり理にかなっていると思われる。

[講義のスクリプト]

Narrator:

Now listen to part of a lecture on the topic you just read about.

Professor:

　While the average limestone blocks were two tons, their dimension was compact — too small in fact for large groups of men to gather around and push against. The ancient Egyptians left little account of how they maneuvered stone to construct the pyramids. That is why Egyptologists have developed the following theories, which I will be discussing in today's class: The theory that stone blocks were floated from quarries. Some scholars believe that limestone blocks weighing between 1.5 and 3 tons were transported on rafts and then slid into place at the construction site. Ropes were used to haul the blocks up ramps to the top of the pyramid.

　Some have said that the stone blocks could have been rolled. Round logs were placed under planks, and then the stones were placed atop this contraption and moved like a tank tread. On flat terrain this concept is plausible, but for moving the stones upward, it seems implausible.

　Then there's the theory that laborers used a shadoof. Please look up for a moment. I brought a diagram of this tool and you can see here how it operates. The shadoof was an irrigation tool that very possibly could have been converted and used as a counterbalance to move the required weight. However, what the laborers used as a counterweight begs an explanation.

Another ancient-tool theory is the use of a windlass. From ancient times, the windlass was used to lug stones. It operates with an axle and a wheel. If you look here, I can show you this diagram. Depending on the diameter of the wheel and the axle, a weight to pull ratio can be established. The windlass operates like a winch. With a friction ratio of 1:10, one thousand kilograms could be hauled upwards with only one hundred kilograms of torque. That means less than ten workers could move that weight with relative ease and in safety.

During the second part of class, we'll experiment with some models of our own. This will give you a chance to get a feel for the physics and mathematics behind the various theories we've been discussing.

[講義の訳例]
　石灰石のブロックは平均2トンでしたが、その寸法はコンパクトで、実際、多くの男たちが周りに集まって押すには小さすぎます。古代エジプト人は、どのようにして石を運んでピラミッドを作ったかについて、ほとんど手がかりを残しませんでした。ですから、エジプト学者らは、今日の授業でこれから私が話すような学説を構築したのです。その学説とは、石のブロックは採石場から水路で運ばれてきたというものです。重さ1.5～3トンの石灰石のブロックがいかだで運ばれ、建設現場のちょうどいい場所に着くようにしたと考えている学者もいます。ロープを使ってブロックをピラミッドの頂上まで斜面を運び上げたとする説です。
　石のブロックを転がしていった可能性があると言った学者もいました。厚板の下に丸太を敷き、この仕掛けの上に石を置いて、戦車が進むように運んでいったというわけです。地形が平らであれば、この考え方はもっともらしく聞こえますが、石を上に上げるとなると、ありえそうもないと思われます。
　また、労働者がはねつるべを使っていたという学説もあります。ちょっとこっちを見てください。この道具の図を持ってきましたので、どうやって使うかがわかるでしょう。はねつるべは灌漑用の道具でしたが、転用され、命じられた重さのものを動かすときにバランスを取るために使われていた可能性が十分にあります。しかし、労働者が何をつりあい重りに使っていたかについては説明がされていません。
　古代の道具に注目した学説には、巻き上げ機を使っていたとするものもあります。昔から、巻き上げ機は石を引きずるのに使われていました。車軸と車輪で作動します。こちらを見てください。図をお見せしましょう。車輪と車軸の直径によって、引っぱる重さの割合が決まります。巻き上げ機はウインチのように作動します。抵抗比10分の1なら、1000キロのものをたった100キロのトルクで持ち上げることが可能です。つまり、その重さのものは10人未満の作業者で比較的簡単に、そして、安全に動かすことができたわけです。
　授業の後半では、実際目の前にある模型を使って実験をします。こうすることで、いままで話してきたいろいろな学説の背景にある物理と数学の感覚をつかむことができます。

[設問訳]
　講義のポイントを要約しなさい。その際、必ずそのポイントがリーディング・パッセージに書かれた問題にどう答えているかを具体的に説明しなさい。

解答例と添削

解答例1　Low-Level　　　　　　　　　　　　［得点］1.0 - 2.0

Egyptians are great. They have used many schientific principals, such as levers and rifts. Using rifts they transported heavy rocks to the place pyramids were built. Then, they used wince to pick up rocks to the top of pyramids.

Cpmputer modeling provided only nine or ten adults people could used to buid pyramids. Greek historian exaggerated that Egypt used one hundred thusand people constructing pyramids, the passage wrote. Profesor talked about wince is good for building rocks because wince is easy to use. The more advanced the technogy, the less people Egypt used. Together with wince, they used counter balance to make it easier to build pyramids.

（110語程度）

解説

　この解答例では、受験者が講義を聞き取れているのかいないのか、まったくわかりません。語彙力も欠いています。1行目の下線を引いた箇所を見ましょう。過去に言及しているのでしょうが、単語も間違えています。完了形ではなく、単純過去で十分です。次のように書き換えれば少しは読みやすい解答例となるでしょう。
They used many scientific principles such as levers and rafts.

　また、Egyptians are great.という書き出しは、このようなアカデミック・ライティングでは絶対に避けるべきだということを心にとめてください。ただ単に書いたという点と、スペルは違いますが、winch（解答例ではwince）に言及している点が評価され、採点者が1点をつけただけの内容となります。また、最後の下線のセンテンスは、内容的に間違いと見なされます。

　同様に、網掛け部分のスペルミスは、初歩的なものです。また、could be usedのbeがないといった、文法的な誤りも見受けられます。そのため、1.0 - 2.0の得点幅の中でも低いレベルとなるでしょう。

解答例2　Mid-Level　　　　　　　　　　　　[得点] 2.0 - 3.0

There are some arguments about how ancient Egyptians could build pyramids with a heavy stone. <u>The lecturer proposed the use of leverage.</u> If the leverage is used sufficiently, it can lift limestone rock up on the pyramid. As stated in the passage, a small number of people were used to lever heavy rocks, as Herodotus expressed.

<u>In regards to how they carry rocks is by a raft on the river.</u> They can easily carry rocks in a long distance from a quarry. Egyptologists could now understand the former exaggeration of using a large number of people. <u>By only using logs under the rock is nothing more than impossible. It is undeniable that they surely used leverage to move rocks because many people cannot push rocks and the hill-like slope will not provide power for each person to push them.</u>

<u>Another theory is winch they might have used. Winch is a scientifically possible, the lecturer said. Therefore, as stated in the passage, the lower number of people are used to make pyramids.</u>

（180語程度）

解説

　文法ミスが多いため減点されています。第2パラグラフでは現在形が使われています。ピラミッドが造られたのは太古の話ですから、過去形が使われるべきです。ほかにもさまざまな文法ミスが見られます。統合型設問であっても、当然ですが、文法的な正しさは要求されるのです。下線を引いた第2パラグラフと第3パラグラフにはかなりの文法ミスが見られます。

　内容としては、第3パラグラフでwinchに言及したのは評価されますが、第1パラグラフのleverageに言及しているのは講師ではなく、リーディング・パッセージのほうですから、誤りになります。

　それでは、より高得点をマークできる解答をつくってみましょう。

模範解答　Revised Essay　［得点］4.0 - 5.0

There is some disagreement about how the ancient Egyptians could have used such heavy stones to build the pyramids. The argument is largely a question of how much leverage is required to lift the limestone blocks up the side of the pyramid. As stated in the passage, with enough leverage, a small number of people might have been able to lever the stones just as Herodotus suggested. ① <u>However, there still remains the question of how the Egyptians could have built such enormous pyramids with such a limited number of workers. The lecturer suggests some theories that may answer the problem.</u>

② <u>First, the stones may have been carried down the river by raft.</u> This way they could have easily carried the stones long distances from the quarry. Second, the stone blocks could have been rolled across the ground on top of logs. ③ <u>However, this method cannot solve how the Egyptians succeeded in raising the blocks up the sides of the pyramids. Therefore, the lecturer presents two more theories: 1) The use of an irrigation tool to counter the heavy weight of the stones, and 2) the use of a winch-like tool to lift them.</u> ④ <u>The latter theory seems to be the most probable, because what was used as a counterweight is not clear in the former theory.</u>

（220語程度）

［要約］

　古代エジプト人がどのようにしてピラミッドを建設したかについては、見解が分かれます。論議の的は、ピラミッドの側面を伝って石を上に上げるにはどのくらいのテコの力が必要か、です。十分なテコの力があればヘロドトスの説のように、少人数でできたかもしれません。それでも、限られた労働者でどうやって造ったのかという疑問が残ります。講師は、それについていくつかの学説を紹介しています。

　まず、いかだで石を運んだのではないかとする学説。こうすれば、長距離運搬が可能だったでしょう。次に、丸太の上を転がして石を運んだという学説。しかし、これでは、石を上に上げた方法がわかりません。そこで、講師は、1）灌漑用の道具を使った、2）ウインチのような道具を使った、という学説を紹介しました。講師は後者を推しています。というのは、前者の学説では、何をつりあい重りに使ったのかが明確でないからです。

解説

[難易度] ★★★（高レベル）

　解答例2の下線を引いた箇所を訂正することにより、満点の解答になりました。しかし、この設問には多くの専門用語が使われているため、難易度は非常に高いものです。なぜヘロドトスやテコの原理がパッセージに書かれているのかを考えるのに時間がかかります。さらには、ヘロドトスの推奨したテコの原理は、講義では述べられていません。講義のポイントは、「なぜ少ない人数で巨大建造物を構築できたのか」という点です。

　また、高得点を目指すためには、講義の理解力が重要です。講義の中で難しい箇所は、第3パラグラフのHowever, what the laborers used ... begs an explanation.の解釈です。リスニング能力とは別に、理解力の向上が必要になります。shadoofでは駄目だということが理解できるかどうかが、4点から5点への分岐点となるでしょう。

　それでは、下線を引いた箇所を見ましょう。

● Point 1 　パッセージの疑問に答えることを明示

　パッセージで、800万人もの人口があったわけはない、と述べています。このことに答えるのが講義の内容だということを、①ではっきりと述べています。

● Point 2 　文法ミスを正す

　文法ミスは減点対象になります。解答例2第2パラグラフのIn regards... の文は、②のように訂正しました。皆さんもできるだけ文法ミスをなくす努力をしましょう。

● Point 3 　新しい理論を述べ、理解できる用語を使う

　講義の中では、丸太で転がすのは平地だけだろう、と述べています。それに対する理論を③で提示しました。皆さんは「shadoof（はねつるべ）」や「windlass（巻き上げ機）」という言葉や仕組みを知っていますか。筆者は知りませんでした。ですから、講義の中で使われた「irrigation tool（潅漑用の道具）」やwinch「（巻き揚げ機、ウインチ）」などの理解できる用語を用いたのです。無理に知らない単語を使ってスペルミスを犯すよりましです。

● Point 4 　解答に答えたことを述べる

　パッセージの疑問点に答えたことをはっきりと述べているのが、この④のセンテンスです。講義が難しかったため、また、解答例を順序立てたため、この場所に書くことにしました。その結果、かなり理解しやすい解答となっています。

Chapter 5

Practice Exercises
Task 2 実践トレーニング
[独立型問題]

- 118 問題1
- 125 問題2
- 132 問題3
- 139 問題4
- 146 問題5
- 153 問題6
- 160 問題7

問題1

設問

Some university students find they benefit from part-time work while others say that working even part-time would prevent them from making the most of their studies. Discuss the merits of both arguments. Which do you think is better for your country? Use specific reasons and details to explain your answer.

メモ欄

[設問訳]
ある大学生たちは、パートの仕事により恩恵を受けていると思っています。一方でほかの学生たちは、学業での最大の恩恵を受けることをパートにより妨げられていると述べています。両方の意見のメリットを論じて、あなたの国ではいずれの考えがよりよいかを述べてください。具体的な理由と例を挙げて答えてください。

TOEFL iBT

解答例と添削

解答例1　**Low-Level**　　　　　　　　　　　　　［得点］1.5 - 2.5

Part-time work gives students money but takes away from the time necessary to their study. ① <u>The students doing part-time work become tired after part-time work and go home only to sleep.</u> Of course some of them study after work, but many of them watch TV, read comics or go to bed after their work. I have done part-time work, then I go home straight to sleep after the part-time work. In a word, they have much money to do nothing.

② <u>The students who don't do part-time work have much time and few money so, they can study very hard.</u> Even if some of them don't study, they have more time to study than those who do part-time work.

In Japan, many students get money from their parents. If the money is not enough for them to live, study and play, they must do part-time work. But if it is enough, they should not do part-time work, because those who do not work have free time. I think that students should keep the free time for doing what they want to do.

So I do not part-time work now, and I have free time to do everything what I want to do. I use this time to study and go abroad. I am grateful for my free time and to my parents.

（230語程度）

解説

　このエッセーは、設問内容を理解していません。設問では、メリットとデメリットを比較することが要求されています。序論からほとんどの箇所で、パートの仕事に対するデメリットのみしか述べていません。また、序論でのテレビを見たり、漫画を読んだりするというのはデメリットとしても説得力が弱いです。

　本論では、日本では親がお金を出すのが一般的であるという考えに終始しています。そして、パートの仕事をすること自体が悪いことであるかのような印象を採点者に与えます。第3パラグラフでは、パートをせずにplay（遊び）に費やす時間をつくるということを書いていますが、よいメリットとしては非常に悪い例示だと思います。結論では、メリットとして留学のための勉強時間に費やすことができ、親に感謝すると述べていますので、1点ということはないでしょうが、規定語数を大きく下回っていることも加味して厳しい得点としました。

各パラグラフのポイント

◆第1パラグラフ
①は、part-time workとすでに前文で触れているので、次のように変えるとよいでしょう。The students become tired after work and go home only to sleep.

◆第2パラグラフ
センテンスが2つしかありません。これではパラグラフとしては不十分です。②はこの段落のトピック・センテンスになりますが、サポートがありません。few moneyはlittle moneyでなければなりません。moneyは不可算名詞なので、前に来る形容詞には可算名詞に用いるfewではなく、littleを用います。また、この文は2つの節でできていて、コンマでその2つの節を分けています。soは、後半の節の始まりなので、コンマのあとに来なければいけません。

◆第4パラグラフ
結論としてのまとまりはありますが、結論ではなるべく第一人称の"I"に焦点をおかず、日本の特徴的な観点を書くようにして、最後の意見だけを"I"で始めます。たとえば、When a student does not work he has time to do whatever interests him, including, of course, his university studies but also travel or hobbies. I think that students should be grateful for this precious time and use it to develop a great variety of interests.とすると、説得力が増し、わかりやすくなります。

解答例2　Mid-Level　　　　　　　　　　　　　　　［得点］2.5 - 3.5

As a university student I think study should be ① <u>given first priority, however</u>, part-time work can also be <u>beneficial</u> to students as a way to communicate with the society outside the campus.

In Japan it is not unusual for parents to pay most of the living costs for their children until they graduate and start to work. Therefore, a student's income from part-time jobs is not spent on ② <u>rents</u> and education fees but mainly for extra clothes and luxuries. I think that since we are not in a situation to be forced to work, and university is usually our last opportunity to study, <u>it is a shame</u> to waste ③ <u>a lot time</u> ④ <u>doing unnecessary part-time work.</u>

On the other hand, students can <u>benefit</u> from a little part-time work using free time. ⑤ <u>As Japanese universities do not require much field work outside the campus, students live in a very small society which is in many ways different from the outside world.</u> For example, many university students ⑥ <u>do not wake up in the morning</u> and have a number of days during the week that they do not do anything at all. Part-time work may be <u>beneficial</u> as a way to connect ourselves to the society outside the campus, and to adjust ourselves to ⑦ <u>this normal world.</u>

In conclusion, I think that part-time work can be <u>beneficial</u>, but it is important that students do not spend too much of their precious time for a little extra money.

（250語程度）

解説

　解答例1と同様に、日本の学生は親に頼りすぎている印象を与えます。しかし、この解答例は設問の意味は理解しています。パートの仕事のメリットとデメリットを比較していますし、第3パラグラフでは、社会性を持つという観点をメリットとしてとらえています。それでも、第2パラグラフではパートで得た給与を贅沢品に使う、という低いレベルの発想しかしていません。

　単語は大学レベルですが、benefitまたはbeneficialが4回も使われています。have merit、worthwhile、valuableやadvantageousなどの同義語を使うとよいでしょう。it is a shame ...や①のgive first priority ...などの表現は、高度な語彙力や現代英語の使い方を知っていることをうかがわせます。こうしたイディオムは、TIMEやNewsweek誌などを頻繁に読むことで学習できるでしょう。また、⑤に見られるような高度な構造の文章を書けると高得点につながります。

各パラグラフのポイント

◆第1パラグラフ
　このパラグラフは序論でなくてはならないのに、自分の意見を入れて結論のようになっています。序論ではエッセーの全体像を示し、個人的意見はあとに出したほうがよいのです。①のpriorityのあとのコンマはセミコロンであるべきです。2つの独立節の間に来る接続詞の前には、セミコロンを用います。つまり、...; however, ...とすべきです。

◆第2パラグラフ
　②のrentsをrentにします。rentは可算名詞ですが、「家賃」を意味するときは不可算扱いとなります。③ではlotとtimeの間にofが入り、a lot of timeとするべきです。lotのあとに名詞が来るときはofが間に入ります。④をdoing part-time work unnecessarily（必要もなく仕事をする）に変えます。doing unnecessary part-time workでは、「必要のない仕事をする」という意味になってしまいます。

◆第3パラグラフ
　⑥はdo not get up until the afternoonのほうがよいでしょう。do not wake up in the morningでは、「寝ている間に死んでしまって朝起きない」という意味に聞こえます。

◆第4パラグラフ
　⑦は、the world at large（社会一般）のほうが適しています。normalを使うと、大学の中の社会がabnormalであるかのように聞こえます。

① Surviving economically can be difficult for a university student, and the costs associated with education drive many students to look for part-time employment. As a university student, I think study should be given first priority; however, part-time work can also be a worthwhile experience for students as they learn to communicate with the society outside the campus. Now, I will discuss merits of both arguments regarding doing a part-time job.

In Japan it is not unusual for parents to pay most of the living costs for their children until they graduate from university and start to work. Yet although their rent, food and tuition are paid, many students still insist on getting part time jobs, failing to see the opportunities that a work-free student life affords them. ② <u>For example, students can spend their free time learning or researching topics of interest beyond their general education. One student I know has been studying English in a conversation school, while two others belong to an archeology club and recently came back from a dig.</u> University is usually our last opportunity to study, and so it is a shame to waste a lot of time doing part-time work unnecessarily.

On the other hand, students can benefit from doing a little work in their free time. As Japanese universities do not require much field work outside the campus, students live in a very small society which is in many ways different from the outside world. For example, many university students do not get up until the afternoon and have a number of days during the week that they do not do anything at all. Part-time work becomes a valuable way for students to connect to the society outside the campus, and to adjust to the world at large. It prepares them to deal with the responsibilities of a regular work schedule, and improves the social skills they will need in their future lives.

③ In conclusion, while I admit that students doing part-time jobs in their free time has a merit, I think it is important that they do not spend too much of their precious time working. Once students graduate, they will be working for the rest of their lives. University is, for most people at least, a once-in-a-lifetime opportunity.

（370語程度）

[要約]
　大学生がアルバイトをするのは学業にかかる費用をまかなうためです。勉強が最優先ですが、実社会との接点としてアルバイトはいい経験になると思います。
　日本では、親が家賃、食費、授業料を払うケースが少なくありません。働かないですむのに、アルバイトをしたいという学生がたくさんいます。大学生活は勉強できる最後のチャンスです。学校の勉強以外に、英会話や考古学の発掘など自分の興味ある分野での学習をすればいいと思います。必要のないアルバイトは時間のむだです。
　ただ、多少のアルバイトは役に立つと考えます。日本の大学ではあまり実地での調査をさせないため、学生はキャンパスという非常に狭い世界に生きています。昼まで寝ていたり、1週間のうちやることがない日が多かったりといった学生がかなりいます。アルバイトを通して実際の社会に出れば、責任を持って仕事をすることや人との接し方などが学べ、将来のためにもなります。
　結論としては、ある程度のアルバイトは有益ですが、それに多くの時間を費やすべきではないと思います。卒業すれば、その後はずっと働かなくてはいけません。大学生活は人生最後の勉学のチャンスなのです。

解説

　解答例2では、ぜいたくな衣服を買ったりするという稚拙な例示でした。しかし、模範解答では考古学の発掘調査のような具体的な例示が含まれています。非常にまとまりがあるエッセーとなっています。

Point 1　パートの仕事をしている学生に配慮
　①では、書き出しでパートの仕事をしている学生に配慮しています。解答例1や2のぜいたくな学生生活から苦学生への配慮に変化させています。好感を与える書き出しです。

Point 2　一般論だけでなく具体例を
　下線部の②では、英会話や考古学の発掘調査を行った友人の話などの具体例が含まれています。一般的な日本の大学生という観点から述べて、具体的により深い内容に進んでいます。

Point 3　好みをはっきり述べる
　全体的に学業などに専念すべきという考え方を打ち出していますが、③の結論で自分の勧めるほうをはっきり述べています。そのことにより、設問に解答したことになります。

問題2

設問

With rising costs in healthcare, some people propose that smokers pay more for health insurance because smoking-related illness accounts for a high percentage of healthcare costs. Smokers argue that other habits and lifestyles are equally responsible for healthcare costs and smokers should not be singled out. Discuss both points of view and indicate which position you support. Use specific reasons and details to support your answer.

メモ欄

[設問訳]
医療費の高騰を背景に、喫煙を原因とする病気が医療費のうち多くの割合を占めているとして、喫煙者はより高額の保険料を払うべきだと提案する人がいます。喫煙者は、それ以外の習慣や生活様式も同様に医療費を高くしている原因であり、喫煙者だけのせいにするのはおかしいと主張します。双方の見方を検討し、どちらを支持するかを述べてください。具体的な理由と例を挙げて答えてください。

解答例と添削

解答例1　Low-Level　　　　　　　　　　　　［得点］2.5 - 3.5

Recently, some people are saying that smokers should pay more for health insurance than non-smokers because the smoking-related illness accounts for a high percentage of healthcare costs. Smokers strongly disagree with this proposal because there are many other illnesses, and they should not be responsible for the costs alone.

① <u>One of arguments</u> that smokers should pay more because they make health care cost rise ② <u>is simple but complicated because smokers pay the price of tobacco which is</u> one part of the tax and health insurance when they buy their tobacco.

Smokers argue that other habits and life styles are equally responsible for health care cost, which is selfish and self-righteous but comprehensible. But this argument forgets that tobacco ③ <u>damages</u> not only smokers but also people around smokers. If ④ <u>one</u> smokes, ④ <u>one</u> damages people around ④ <u>him</u>, so ④ <u>he</u> must pay the people for the cost of their damages.

Nowadays it is said that the government of Japan wastes their taxes and has little money. Of course, ⑤ <u>public insurance organization</u> does not have much money. So, I think that smokers should pay more is because tobacco is not necessary for human life and it is natural that those who buy such a useless products should pay more. And I think that those who buy other useless things, for example alcohol and so on, should pay more as do smokers. This realizes equality between smokers and non-smokers.

（240語程度）

解説

　序論は問題点の把握がきちんとできているうえ、争点が明らかにされ、よくまとまっています。しかし、本論でのサポートがうまくできていません。①のOne of argumentsに続く第2、第3の主張が必要です。結局自分がどういう意見（立場）を取るかを決めないうちに書き進めてしまったような、まとまりのないエッセーになっています。
　結論は、全体のまとめとして「喫煙家は健康保険料をより高く払うべきか否か」自分の意見を述べるべきところです。しかし、本論で1度も触れられていない「国民健康保険の財政難」を理由に「喫煙家はより高い保険料を払うべき」とし、序論とは反対の結論に

なってしまっています。序論と結論との食い違いは最大の減点対象になるので、自分の考えをきちんとまとめてから書き出さなくてはなりません。問題に関係ないことには触れないこと、問題で聞かれていることには正確に答えることが基本です。

各パラグラフのポイント

◆第1パラグラフ
　設問内容を正確に示し、2つの争点を明確に紹介しているので、序論としてはたいへんよい形となっています。

◆第2パラグラフ
　①は、すでに触れている争点を指しているのでOne of the argumentsとなります。One of (the) arguments（～の主張の1つは～）で始まるだけに、ほかの議論も挙げてほしいところです。また、このパラグラフは1文で完結してしまっていますが、1つのセンテンスで3行にわたるような長いものは書かないようにすべきです。②の... is because ~ is...の部分は文が長く理解しにくいので、... is simple but complicated.で1センテンスを終わらせ、It is because ...などで新しい文を始めるのがよいでしょう。

◆第3パラグラフ
　③はhurtsのほうが適しています。damageにするなら目的語が必要です。たとえば、damage the health of not only ...のようになります。体を傷めるという意味ならhurtです。④ではoneで書き始めたらhe/sheで受けるほうが性差別にならないとされていますが、あまりhe/sheが並ぶのも読みづらいものです。複数（they）にしてしまうのもひとつの手でしょう。

◆第4パラグラフ
　⑤は特定の機関なので定冠詞（the）を付けて、the public insurance organizationとします。

解答例2　Mid-Level　　　　　　　　　　　　　　　　　［得点］3.0 - 4.0

With more and more awareness among us of the increasing ① <u>ill-affects</u> of smoking, second-hand smoke from cigarette smokers, and the high percentage of healthcare costs for smoking-related illnesses, non-smokers have recently proposed that smokers pay more for health insurance costs. Needless to say, smokers argue that this is an unfair proposal.

I do not agree with this proposal and believe that smokers should not be forced to pay more for healthcare. Although it is bad for your health, smoking is a common habit. I also think that smoking is a habit that can be easily related to illness compared to other habits. Non-smokers may be right when they say that smokers are especially responsible for healthcare costs, however, smokers are equally right to claim that they should not be solely responsible for the healthcare costs.

Even in these <u>ecology-conscious times</u>, there are manufacturers producing and selling things which can harm people and nature. There are many companies and factories still disposing harmful waste into rivers and lakes, burning materials which emit toxic gases, causing environmental pollution. The pollution to our water and air not only causes great ecological damage, but also causes <u>extreme physical and emotional suffering</u> to both humans and animals. Minamata disease and Thalidomide children are but two such unfortunate examples. The people behind these companies and factories should be the ones to take on a larger share of our healthcare costs.

Therefore, although I believe that smoke-relating illness does account for a high percentage of healthcare costs, I do not think it is fair to force smokers to pay more for health insurance.

（270語程度）

解説

　各パラグラフでメイン・アイデアが示され、意見や具体例も明記されていて、構成はとてもよくできています。ただ、反対意見だけを書いているため、問題を正しく理解していないと取られてしまう場合があるでしょう。しかし、英語力が相当あるため、言いたいことはきちんと書かれているので、大きく減点されることは少ないはずです。

　語彙力も豊富で、ecology-conscious timesやextreme physical and emotional sufferingなど高度な表現を使っているので、とても読みやすくなっています。それだけに、反

対意見のように賛成意見をまとめられなかったのは惜しい点です。結論には、もう少し肉づけがあるとよりよくなります。たとえば、As detrimental to health as cigarette smoking is, I do not believe that those who smoke should be held responsible for the high cost of healthcare. As stated above, there are others equally, or even more responsible for causing illnesses around us. Therefore, ...などと書くこともできるでしょう。

(各パラグラフのポイント)

◆第1パラグラフ
　エッセー全体の方向性が、非常にわかりやすく書かれています。①のill-affectsは、ill-effectsが正解です。effectは名詞で「効果、結果」という意味であり、動詞としても使われます。一方、affectは「影響を与える」という意味の動詞です。混乱しやすいので、間違えないように注意しましょう。

◆第2パラグラフ
　ここで展開されている主張は結論の内容に近いものです。ここでは喫煙以外の要因の深刻さを訴えるために、まず喫煙の問題点をしっかりと分析すべきです。

◆第3パラグラフ
　「喫煙者は非喫煙者よりも健康保険料を多く払うべきか否か」が問われています。このパラグラフでは、公害を起こした企業について書かれています。水俣病、サリドマイド児という具体的な例が2つもあり、第2パラグラフ（喫煙者のみが責任を問われるべきではない）のサポートにもなっています。

◆第4パラグラフ
　たった一文ですが、言いたいことすべてをコンパクトにわかりやすくまとめています。この解答例のdoes account forのように、助動詞（does）を前に出すことで「強調」できることを覚えておきましょう。

模範解答 Revised Essay ［得点］4.0 - 5.0

With more and more awareness among us of the increasing ill-effects of smoking and breathing second-hand smoke, and the high percentage of healthcare costs spent on smoking-related illnesses, non-smokers have recently proposed that smokers pay more for health insurance costs. Needless to say, smokers argue that this is an unfair proposal, maintaining that they are not the only contributors to rising healthcare expenses.

① <u>The principal argument offered by non-smokers is based on simple arithmetic. People who smoke have and cause more health problems, and therefore are a larger burden on the system than non-smokers.</u> This is true. ② <u>Smoking has been shown without question to be the main cause of lung cancer, which now kills more people than any other form of cancer in Japan.</u> In addition to cancer, there are other illnesses such as heart disease and stroke to which smoking is directly related, as well as numerous other conditions which lower a person's quality of life as they grow older.

Nevertheless, to say that smokers are the only contributors to rising healthcare costs is wrong. Even in these ecology-conscious times, there are manufacturers producing and selling things which can harm people and nature. There are many companies and factories still causing environmental pollution through such actions as releasing harmful wastes into rivers and lakes, burning materials which emit toxic gases, and so on. The pollution to our water and air not only causes great ecological damage, but also causes extreme physical and emotional suffering to both humans and animals. Minamata disease and Thalidomide Children are but two such unfortunate examples. The people behind these companies and factories should be the ones to take on a larger share of our healthcare costs.

As detrimental to health as cigarette smoking is, I do not believe that those who smoke should be held responsible for the high cost of healthcare. ③ <u>As stated above, there are others equally, or even more responsible for causing illnesses around us.</u> Therefore, although I admit that smoke-related illness does account for a high percentage of healthcare costs, I do not think it is fair to force smokers to pay more for health insurance.

（360語程度）

TOEFL iBT

Task 2 実践トレーニング［独立型問題］

［要約］
　たばこは有害で、そのために多くの医療費が使われているといった認識が広がっているため、非喫煙者からは喫煙者のほうが健康保険料を多く支払うべきだという提案が出ています。喫煙者は自分たちだけが医療費高騰の原因ではないので、それは不公平だと主張しています。
　非喫煙者は、喫煙者のほうが健康に問題を抱えているという理由で、非喫煙者より負担を重くすべきだと言います。確かにそうでしょう。喫煙はいまや日本での死因のトップである肺がんの原因であり、がん以外にも心臓病や脳梗塞など数々の病気を引き起こしているのです。
　しかし、だからといって、喫煙者だけが医療費を上げているわけではありません。河川を汚染したり、有害ガスを出すなど、環境だけでなく、人間や動物にも害を与えている企業が数多くあります。水俣病やサリドマイド児がその例です。こうした企業にかかわっている人たちこそが、多くの保険料を負担すべきだと私は考えます。
　喫煙は有害ですが、喫煙者だけが高い保険料を払うべきだとは思いません。ほかにも喫煙と同様、またはそれ以上に、健康被害をもたらしている原因があるからです。

解説

　解答例2の第2パラグラフの内容が非常にわかりやすくなっています。具体例で日本では肺がんにかかる率の高さを述べています。また、結論では喫煙の有害性と医療費負担の関係を簡潔にまとめ、明示的に喫煙者がより多く負担することを不公平だと述べています。非常に流れのある読みやすいエッセーとなっています。

Point 1　論理性を示す
　①では、罹患率とそれに伴う医療費の高額化を述べています。喫煙により健康に悪影響を及ぼしていることを示しています。

Point 2　社会的問題に精通している
　この解答では、②で肺がんの罹患率の高さを述べて具体性を示しています。また解答例2にも書いてあった、水俣病、サリドマイド児の問題など社会的な問題を豊かな語法を用いて述べています。日本の独自性を述べ、さらに、語法の多様性により高得点が獲得できます。

Point 3　流れを持たせる
　序論で「不公平である」旨を述べる助走が行われています。第2パラグラフで喫煙被害を述べ、そして、第3パラグラフで社会全体の要因を述べています。結論では③の下線部でメイン・アイデアを簡潔にまとめ、さらに不公平である旨を再確認しています。このような流れが独立型問題では重要なのです。

問題3

設問

Some educational systems wholly determine what students study; others provide students with a wide range of elective classes. Summarize the advantages of each system and indicate which you think is more appropriate for your country. Use specific reasons and examples to support your answer.

メモ欄

[設問訳]
　教育制度によっては、あらかじめ学生や生徒が勉強する科目をすべて決めている場合と、多くの選択科目を用意している場合があります。それぞれの制度が持つ利点をまとめ、あなたの国ではどちらのほうが適切だと考えるかを述べてください。具体的な理由と例を挙げて答えてください。

解答例と添削

解答例1　Low-Level　［得点］2.0 - 3.0

In most Japanese junior schools and high schools, it is not too much to say that there are no <u>elective classes</u>. My high school was so. While in Japanese universities, there are many <u>elective classes</u>. Should we make more elective classes in junior school and high school? ① <u>I do not think so. Because</u> junior school and high school students have little knowledge, ② <u>if they can select the classes, they would</u> select ③ <u>their favorite classes</u> and they will be proficient in only a few things. In a word, they will be without any wide culture.

But it is also a problem if there are only <u>determined classes</u>, because the system makes students all the same. As a result, the students have no individual personality.

What is the best? I think that in junior and high school there should be a few <u>elective classes</u> and in university all classes ④ <u>should be elective. Because it is</u> necessary that people learn liberal arts, and unless they are obliged to learn it, they would not learn it. But if in junior and high school there were no <u>elective class</u>, students would hate to study. In university there is no need for <u>determined classes</u>. Students hate to take the <u>determined classes</u>, and so gain little from them.

（210語程度）

解説

　この解答例では自分の意見を主張するだけで、サポートも例も提示していません。特に第2パラグラフでは、必修科目のみの制度によってどのように生徒の個性が失われ、平均化されてしまうのかがまったく明らかにされていません。

　また、問題は利点を中心に書くことを求めているのに、全体的に利点よりも欠点に焦点をおいています。さらに、結論で中学・高校と大学で選択科目はあるべきか否かについて明記していますが、この問題は「自国にとってどちらの制度がよいか」を聞いているので、これでは問題に対する答えになっていません。

　選択授業はelective classesですが、授業を選択するのはselect a classです。必修科目は、determined classesでも意味は通じますが、正しい用語はrequiredまたはcompulsory classesやprerequisites（複数形のとき）です。

> **各パラグラフのポイント**

◆第1パラグラフ
　序論で2つの観点を紹介しようとしていますが、問題を完全に理解していないようです。問題は、2つの制度の利点をそれぞれまとめ、自分の住んでいる国にとってどちらがよいか議論することを要求していますが、両方の制度が自分の国に存在すると書いたあと、直接問題で求められていない「中学校や高校で選択授業を増やすべきかどうか」についての議論を始めています。
　①はI do not think so because ...の1文にまとめ、②はif they could select the classes, they would ...に変えるべきです。ここでは仮定法過去を使用しているので、断定のcanではなく、可能性を示すcouldを選びます。③は間違いではないのですが、このままでは「最も好きな科目」という意味になってしまいます。only those that interest them（興味のある科目）、またはonly those subjects that are familiar（親しみのある科目）にしたほうが自然です。

◆第2パラグラフ
　2つの文しかないのでパラグラフとしては不十分です。この解答例では1つの説を主張しているだけでサポートも例もありません。制度によってどのように生徒たちの個性が失われてしまうのかまったく明らかになっていません。

◆第3パラグラフ
　④のBecause ...で始まる文章は上手な文章とは見なされません。... should be elective, because it is ...に変えるとよいでしょう。

解答例2 Mid-Level ［得点］3.5 - 4.5

By studying under an education system which determines what students should study, a student will be educated in various subjects regardless of whether he/she likes or dislikes for the subject. ① <u>This will allow the student to have a wide and well balanced knowledge</u> of various field and enable him/her to socialize with many people. This system also <u>allows</u> students to choose from a wide selection of future careers.

② <u>On the other hand, by studying under an education system that provides students with a wide range of elective classes, a student will be given the opportunity to create his/her own specialty, rather than having an average knowledge of various fields.</u>

In Japan, most schools, apart from specialty schools, have an education system which forces us to study various subjects from a wide range of fields. This allows us to have general knowledge in most fields, and prevents us from having a heavily imbalanced knowledge of things. Recently, some high schools have started to ③ <u>take on</u> systems where the students are given a wide range of elective classes. This movement is welcomed by many education specialists as a way to prevent students from being "average," and instead to respect each of their characteristics. Students may choose subjects out of their interest, and are not forced to take classes that they do not feel will be necessary for their future career.

I also think that it is better to respect a person's characteristics than to force unwilling study that one does not feel necessary. However, I feel that this new system may be forcing the students to make decisions about their future career at too early a stage. Students who have decided their future careers and are confident with their decision have very much to benefit from this system, but I think the original system is also needed for students who cannot yet specify their interests.

（320語程度）

解説

　必須科目の利点に関しては十分なサポートがなされているものの、選択科目に関してのサポートが足りません。2つの事柄の利点を述べなくてはならないので、同じくらいの量のサポートが必要です。そうでなければ全体のバランスを欠くことになります。
　文章の構成やイディオムの使い方がよくできているので、序論でしっかりとした方向性を示し、かつサポートがうまく書けていれば満点に近いエッセーとなったはずです。

また、この解答例では、allowを3回も使っていますが、accordやgiveなど意味が近いほかの語を使うこともできたはずです。同じ単語を繰り返し使うことは、語彙不足と見なされ減点になるので注意しましょう。

> 各パラグラフのポイント

◆第1パラグラフ
　序論ではなくいきなり本論に入っています。このパラグラフ自体は、必修科目の利点が具体例とともに書かれているので本論としてはよいのですが、この前にもう1つパラグラフを作り、エッセー内容を最初に簡潔に示す必要があります。エッセー全体でallowを使いすぎているので、①をThis will give the students a wide ...にするなど工夫が必要です。

◆第2パラグラフ
　②では、選択科目の利点をたった1文で論じています。この文自体はトピック・センテンスとしては非常によいのですが、サポートが必要です。1つだけのセンテンスではパラグラフにはなりません。

◆第3パラグラフ
　日本ではどちらの制度がよいかをはっきりと主張しています。内容もよく、事情の説明も徹底しています。③には「導入する」の意味もあり特に問題はありませんが、どちらかというと「引き受ける」の意味のほうが強いため、文全体をレベルアップさせるためにも、ここでは「導入する」という意味のadopt、あるいはintroduceを使うのが適切です。

◆第4パラグラフ
　本論で述べたことをまとめたうえで自分の主張を明確にしていて、たいへんよくまとまっています。

模範解答 — Revised Essay [得点] 4.0 - 5.0

① Educational systems that decide what students will study, and educational systems that provide students with the freedom to choose elective classes both have advantages. Students in the former leave school with a good balance of knowledge, whereas students graduating from the latter are better prepared for specialized fields. Here, I will compare merits and demerits of both educational systems.

By studying under an educational system that determines what students should study, students become educated in various subjects regardless of their personal likes and dislikes. This will give the students a wide and well balanced knowledge of various fields and enable them to socialize with many people. This approach also accords students a greater range of options when choosing their future careers because they have general skills that can be applied to many kinds of jobs. In Japan, most schools, apart from specialty schools, have this kind of educational system.

On the other hand, by studying under an education system that provides students with a wide range of elective classes, a student will be given the opportunity to create his/her own specialty, rather than having an average knowledge of various fields. ② <u>Students in such a system can be expected to be more motivated to study and to learn more deeply because they are truly interested in what they are studying.</u> Recently, some high schools in Japan have started to adopt this kind of system, and the students are free to take many elective classes. This movement is welcomed by many education specialists as a way to prevent students from being "average," and instead to respect their individuality. Students may choose subjects in which they have interest, and are not forced to take classes that they do not feel will be necessary for their future career.

While I agree that increasing student control in the educational system in Japan is a positive change, I feel that we may be forcing students to make decisions about their future careers at too early an age. ③ <u>Some freedom of choice should be provided to students who are confident of their future career, but I think the original system should be left intact for students who cannot yet specify their interests.</u>

(350語程度)

［要約］
　私は両方に利点があると考えます。制度として科目が指定されていればバランスのとれた知識が身につき、学生や生徒が選択するなら専門分野に強くなるからです。
　前者の場合、個人の好みにかかわらず、さまざまな科目を勉強することになり、その結果、知識の幅が広がり、多くの人とうまく付き合えるようになります。また、一般的な技能は応用がきくため、就職する際も多くの選択肢から選ぶことができます。日本の学校では、ほとんどがこうした教育制度をとっています。
　一方、学生が科目を選べる場合は、広く浅く学ぶのではなく、自分の専門分野を確立することができます。興味のあることを勉強するので、やる気が増し、知識を掘り下げていけます。最近、日本でもこうした制度を取り入れた高校ができました。教育専門家の間では、個性を重視した制度だとして歓迎されています。生徒は自分が将来就きたい職業に関係のある科目だけをとることが認められています。
　日本で学生や生徒が科目を選べるようになったのはいいことだと思いますが、将来の職業についての決断を下させるには時期が早すぎる気もします。どんな仕事に就きたいかを決めている学生や生徒には多少の選択の自由があったほうがいいでしょうが、まだ自分が何に興味があるかがわからない学生や生徒のためには、従来の制度も残しておくべきだと考えます。

解説

　解答例2は、内容自体が高得点を取れるものでした。そのため、序論と構成を変えることにより、比較的容易に高得点を狙うことができます。それでは、内容を見ましょう。

🔴 Point 1　序論は重要
　解答例2では、序論が欠けていました。そのため、エッセーの全体像を示すことができませんでした。①の序論は流れをつくるために必要だという認識を持ってください。

🔴 Point 2　構成を明確にする
　本論の区分けが正確になりました。第2パラグラフでは必修科目中心の教育制度のメリットを述べ、第3パラグラフでは選択科目を中心とすることのメリットを述べています。また、②で選択科目のメリットを強くサポートしています。解答例2の構成を変化させただけでも、このように読みやすい文章となります。

🔴 Point 3　中間的意見の場合には
　選択科目の重要性を認識しているが、やはり、現在の必修科目中心のものが重要だという比較的中間の意見を述べる場合には、③のように将来設計がない「初期教育」の学生のために現行制度を維持するというように条件を示さなければなりません。ただし、③を強調しすぎると自分の意見を提示できなくなりますから、気をつけてください。

問題4

設問

Some elderly people live with their adult children and their grandchildren while others live independently. Discuss the advantages and disadvantages of both ways. Which do you think is better in your country? Use specific reasons and examples to support your answer.

メモ欄

[設問訳]
高齢者の中には、成人した自分の子どもや孫と同居している人もいれば、ひとり暮らしをしている人もいます。双方の長所と短所について検討してください。あなたの国ではどちらがいいと思いますか。具体的な理由と例を挙げて答えてください。

解答例と添削

解答例1　Low-Level　［得点］1.5 - 2.5

① <u>In Japan, nuclear families have steadily increased since the end of World War II.</u> Many elderly people feel sad about this trend, while some enjoy the freedom of living independently.

Living with children and grandchildren is a pleasure for some elderly people. In the comic <u>Chibimaruko-chan</u>, Chibimaruko lives with her grandparents, parents and older sister, and they seem to be happy. <u>But</u> most elderly people do not work, and most of their children work and their grandchildren go to school during day. So although they live with the younger generation, they feel lonely. While living alone is sad for them, living a lonely life within a family is even sadder.

Elderly people living alone have freedom. They can eat what they want whenever they want to, go to see their friends whenever they want to, and they can travel with their friends whenever they want to. My grandmother, aged 76, lives alone. ② <u>When I visit her twice a year, she seems to be very glad.</u>

③ <u>If</u> I become old, I want to live alone. But I hope that the house where I will live will be near by my children and grandchildren's house. I think that that is the only possible way to get the merits of both ④ <u>arguments.</u>

（210語程度）

解説

　日本の事情を問われているのにもかかわらず、序論の①以外は日本のことにまったく触れず、漫画の例や自分の気持ちを述べています。エッセーで特定の人にしかわからない話題（このエッセーではChibimaruko-chan）を例として使うときは、説明を加えなければなりません。

　結論は、問題の主旨からまったくはずれています。老後どのように暮らしたいかではなく、「日本の場合、お年寄りは子どもや孫と一緒に生活したほうがよいか、あるいは別に暮らしたほうがよいか」ということが問われているのです。また、「ひとりで住むと自由である」と述べていますが、ここではひとり暮らしは特に問題にされていません。設問でlive independently（独立して住む）と定義しているのをlive alone（ひとり住まい）ととらえてしまっています。live independentlyというのは、たとえば配偶者と一緒に住んでいることも考えられるので、ひとり住まいとは限らないのです。

> 各パラグラフのポイント

◆第1パラグラフ
　①で問題点を提示し、日本に焦点をおいていることが示されています。nuclear families（核家族）など現代英語を使っているのもよい点です。

◆第2パラグラフ
　メイン・アイディアが明確で、限定されています。「寂しさ」が欠点であるというポイントはよいのですが、それだけしか出てこないので、ほかにも利点、欠点を出す必要があります。

◆第3パラグラフ
　ここでは「自由」という利点を挙げています。②では「年2回、孫である自分が会いに行くと、祖母はうれしそうだ」とありますが、これは「自由」の利点をまったくサポートしていません。

◆第4パラグラフ
　この結論は個人的な願望にすぎません。問題は、日本（受験の国）ではどちらがよいか、またその理由を聞いているので、これでは焦点がずれてしまっています。③をWhenに変えて、If I become old ...（もし年をとったら）ではなく、When I become old ...（年をとったときに）にしたほうが正確です。④は、arguments（争点）よりways（方法）が適切です。設問文もwaysとなっています。

解答例2　Mid-Level　　　　　　　　　　　　　［得点］3.0 - 4.0

I believe that the worst feeling in life is loneliness and the feeling that you are unneeded by others. I have heard that many elderly people have this feeling, and I believe that it can be solved if they live with their family. ① <u>The advantages of elderly people living with their children and grandchildren is that they may play a role as a family member and feel needed.</u> ② <u>There are many things a grandfather or grandmother can do, such as to look after the children, cook, or to take care of the house while other members are out during the day.</u> It will also help prevent the elderly people from aging, such as losing memories, if they live in a lively house with a lot of young energy.

③ <u>On the other hand</u>, some elderly people choose to live independently. The advantage of living independently is that it avoids trouble with other members of the family, and for people who enjoy a quiet atmosphere, it may be difficult to live in a house with young children running around. For elderly people who do not feel lonely and do not wish to have to play a certain role, living independently may be a wiser decision. It allows the elderly people to live as they like, and enjoy a quiet and peaceful atmosphere.

In Japan it used to be ④ <u>normal</u> for elderly people to live with their children and grandchildren. Elderly people would stay in the house and look after the house and the children, and in return they would enjoy the care of their children. However, nowadays many elderly people choose to live alone, and many children also prefer to live separately from their parents. I believe this is because more and more elderly people <u>find themselves</u> fit enough to take care of themselves, and because it is not always possible for them to <u>maintain a pleasant relationship</u> while living with their children and grandchildren. There have been many reports in the past about the <u>conflict</u> between elderly people and their families, especially between the wife and the mother-in-law. Many of these are serious problems, and some have even <u>escalated</u> into killings.

In conclusion, I feel that it is better for elderly people to ⑤ <u>live together with</u> their children and grandchildren if possible. However, thinking of the problems it could cause, I do not wish to force this relationship, and hope elderly people enjoy their life whichever way they choose to live.

（410語程度）

> 解説

　問題は、お年寄りが家族と同居することの利点、欠点を要求しています。しかし、このエッセーでは、利点ばかりに注目し、欠点については述べていません。利点に関しては、サポートがきちんと書かれていて、find themselves、maintain a pleasant relationship、conflict、escalatedなどの使用は豊かな語彙力、表現力の表れといえます。

　通常のエッセーでは、日本に関する点を序論と結論にもってきますが、このエッセーでは第3パラグラフでそれを書いています。しかし、このエッセーのレベルであれば、特に減点の対象になることはないでしょう。

　この解答例の一番の問題点は、「何を言いたいのかわからない」点にあります。日本に合った選択肢を示していません。

> 各パラグラフのポイント

◆第1パラグラフ
　お年寄りが家族と同居することに賛成する内容ですが、これは序論ではなく本論にあたるパラグラフなので、この前に序論のパラグラフが必要になります。①、②は具体性に富んだよい例文です。

◆第2パラグラフ
　③のOn the other hand は、話の流れを変えるときによく使われるフレーズです。このセンテンスによって、このパラグラフには老人が独立して暮らすことについて書いていることがわかります。高度な文章構造が使われているのですが、欠点については何も述べられていないのが残念な点です。

◆第3パラグラフ
　ここでは日本の文化、伝統そして現代事情もよく説明してあるので、これを序論として用いてもよかったでしょう。④のnormalはabnormalの反対語という印象が強いので、the usual thing、typical、commonplaceなどが適切です。

◆第4パラグラフ
　結論はかなりあいまいな内容です。中間的な立場のようにも見えますが、あるがままがよい、という内容です。設問内容の把握が弱いのでしょう。⑤は、togetherとwithを同時に使うと意味が重複してしまうので、live withにします。

模範解答 — Revised Essay　　[得点] 4.0 - 5.0

① In Japan it used to be commonplace for elderly people to live with their children and grandchildren. They would stay at home and look after the house and the children, and in return they would enjoy the care of their families. Nowadays, however, many elderly people are choosing to live alone. Although there are pros and cons to either situation, in my opinion, both the elderly and their families have more to gain from living together than from living apart.

To be certain, there are disadvantages to grandparents living with their children and grandchildren. A typical example is the fact that it is not always possible for everybody to maintain a pleasant relationship. ② <u>There have been many reports in the past of conflict between elderly people and their families, especially between the wife and the mother-in-law, some of which have even escalated into killings.</u> Most families, however, benefit from living together. Perhaps the main advantage of elderly people living with their children and grandchildren is that they may play a role as a family member and feel needed. There are many things a grandfather or grandmother can do, such as to look after the children, cook, or to take care of the house while other members are out during the day.

On the other hand, some elderly people who are fit enough to take care of themselves choose to live independently. This situation has the obvious advantage of avoiding the kinds of trouble mentioned above. In addition, for people who enjoy a quiet atmosphere, living alone is perhaps more quiet and peaceful than a house with young children running around. ③ <u>Nevertheless, living alone is not without its share of problems, and many elderly people may wish they were closer to their families in times of illness, or when they are feeling lonely and unneeded by others.</u>

In conclusion, I feel that it is better for elderly people to live with their children and grandchildren. Naturally, this is not a living arrangement that should be forced on family members if they are experiencing the kinds of problems mentioned above, but when it is possible, it is undoubtedly the living situation most beneficial for both the elderly and the young.

（370語程度）

[要約]
　かつての日本では、高齢者は自分の子どもや孫と同居するのが当たり前でした。お互いに面倒を見たり世話をしたりしていました。しかし、最近はひとり暮らしを選択する高齢者が増えています。賛否両論あるでしょうが、私は高齢者は家族と住んだほうがいいと考えます。
　確かに一緒に住むことには短所があります。嫁姑の問題をはじめ、全員がいい関係を続けていくのは必ずしも可能なことではありません。いさかいが殺人に至る場合もあるほどです。しかし、たいていは一緒にいることがお互いのためになります。高齢者は自分の役割を見いだし、必要とされていると感じることができますし、ほかの家族にとっては、日中外出しているときに家のことをしてもらえます。
　その一方、体力的に自分のことは自分でできると、ひとり暮らしを選択する高齢者もいます。これにより、先ほど述べたような問題は回避でき、また、静かな生活を好む人にとっては、家に子どもがいないほうが心静かに過ごせます。ただ、ひとり暮らしにも問題はあり、病気のときや孤独を感じたときなどは家族が恋しくなります。
　結論としては、高齢者は子どもや孫と同居すべきだと考えます。問題を起こした家庭にまでそれを強いることはできませんが、可能であれば同居したほうがお互いのためになります。

> 解説

　このエッセーは素晴らしいです。読んでいて思わず涙しそうになりました。難易度の高い設問に対して客観的に正確に答えています。親を大事にしない子はいない、子を大事に思わない親はいないでしょう。それでは、客観的に解答ポイントを見ましょう。

❶ Point 1　時代の変遷を正確に表している
　①の序論では、今昔の家族のあり方の変遷を述べています。そして、pros and consという賛否を述べる旨を簡潔にまとめています。

❶ Point 2　世代間の確執を具体例で示す
　現代における世代間の確執を②で表現しています。殺人というのは書きすぎかもしれませんが、このようなことがあり得る状況に今の日本があるのでしょう。③では、高齢者の立場を明確にしています。採点者にもはっきりと伝わる内容です。

❶ Point 3　結論はしっかりと書く
　結論では、同居したほうがよいという望ましい姿を述べています。そして、条件として「可能ならば」と記しています。コンパクトにまとまっていて好印象を与えます。

問題5

設問

In many families siblings must share a room while in other families each child has his or her own room. Discuss the advantages of sharing a room and of having one's own room. Which do you think is better for children? Use specific reasons and examples to support your answer.

メモ欄

[設問訳]
　多くの家庭では、兄弟でひとつの部屋を共有しなくてはいけませんが、ひとりずつ個室を与える家庭もあります。相部屋と個室の利点を検討してください。子どもにとってはどちらのほうがいいでしょうか。具体的な理由と例を挙げて答えてください。

解答例と添削

解答例1　Low-Level　　　　　　　　　　　　　［得点］2.0 - 3.0

Living with someone can have merits and demerits. ① <u>I lived together with my friends in a room when I was a high school student.</u> And I have my room in my house. Which is the better? I think that it is a pleasure to <u>live together</u> with friends in a room, and it is quiet and calming to live alone in ② <u>my room</u>. But at the same time, I think that it is very tiring ③ <u>for my body and heart</u> to <u>live together</u> with friends in a room, and it is lonely to live alone in <u>my room</u>. And it is natural that <u>living together</u> means sharing things, which means the invasion of privacy to me.

I like to <u>live together</u> with my friends. But I have not experienced <u>living together</u> with a brother in a room because I have no brother. So I cannot imagine what <u>living together</u> with a brother in a room is like. If brothers are like friends, I think that <u>living together</u> is better than living alone. Because, by <u>living together</u>, I can talk with roommates when I want, and live every day in a lively way. There may be arguments between my roommates and me, but ④ <u>it is also good</u>. <u>Living together</u> may mean sharing things, but, if anything, I want to have good friends or brothers who know all about me. So I think that <u>living together</u> is better than living alone.

（240語程度）

解説

　設問に従って、兄弟との部屋の共用に焦点をおくべきでした。たとえ自分にその経験がなくても、その状況を想像して書けたはずです。また、個人のことに焦点をおきすぎているため、一般論になっていません。さらに、自分の経験に基づいて書いた結論をサポートしている理由はあまり発展せず、なぜよいのか説明もありません。

　また、語彙力が欠けているので、relationship、socialization、tolerance、flexibilityなどの単語が使えるように努力したいものです。live togetherやliving togetherを11回も使っていますが、文章を読み進むうちに、その言葉がなくても採点者に意味は通じるので、取ってしまっても差し支えありません。あるいは、問題に出てくるshare a roomと入れ替えてもよいでしょう。

各パラグラフのポイント

◆第1パラグラフ
　このパラグラフでは、トピックを紹介し、だれかと部屋を共用した経験があることを示していて、よい出だしとなっています。しかし、問題は利点に焦点をおくように要求しているのに対して、同時に欠点も書いてしまっています。①はあまり明確な文ではないので、どのような状況だったのか、I was a boarding student...(寄宿生だった)、had an apartment...(アパート暮らしだった)、rented a room...(下宿していた)のようにしてはっきりさせる必要があります。

　②はmy own roomとするべきです。my roomは日本語としては定着していますが、ほかにもよく使われるmy homeやmy carと同じく和製英語であり、実際の英語では使われません。さらに、本当に自分自身が買った家ならmy houseですが、親の家ならばmy parents' houseとしなくてはいけません。③は直訳すぎて非常に幼稚な文章に見えるので、physically and mentallyとします。

◆第2パラグラフ
　④は「なぜよいのか、どうしてそうなるのか」の説明が必要です。サポーティング・アイディアがないため、また、態度を決めかねているため、採点者に理解させるのは難しいでしょう。

解答例2 Mid-Level   ［得点］3.0 - 4.0

In Japan, especially in big cities, it is very difficult for children to have their own rooms. Many main cities are overcrowded, which forces each house to be made small and large houses to be very expensive. I think this is the main reason why many children are forced to share a room.

However, there are many advantages when children share a room. ① <u>Although it arouses many fights</u>, it allows the children to have a close relationship with each other. Children sharing a room will talk a lot and get to know each other well. They will discuss personal problems that they do not tell their parents about, and they will ② <u>create a special bond</u> between each other which may last their whole lives. ③ <u>The disadvantage of sharing a room is that there is no privacy, and this causes many fights. It may also be difficult for one to study if the other is playing in the same room.</u>

<u>On the other hand</u>, some children have their own rooms. The advantage of this is that they enjoy complete privacy and are able to spend time with no interference. This also prevents fights with their siblings, and perhaps helps them concentrate when studying. ④ <u>However, there could be disadvantages of loneliness and boredom, and I think it will be harder for siblings to create a close relationship to each other.</u>

⑤ <u>I strongly recommend that</u> siblings share rooms at least while they are immature. From my experience, the presence of a sibling in the same room can be very annoying at times; however, there is also a lot of fun in it. I also think it is important for children to be trained to share things, and sharing a room is perhaps the fastest way to learn.

（290語程度）

解説

　問題は子ども部屋の共用の利点について聞いているので、特に日本に限定する必要はありません。日本特有の事情は、むしろ結論のサポートで使ったほうが有効でしょう。たとえば、In Japan, especially in big cities, it is very difficult for children to have their own rooms. I think this is the main reason why many children are forced to share rooms. Even if this is not the case, I strongly recommend ...とすることができます。その場合は新しい序論が必要になります。

本論で不必要な欠点に関する文章（③④）を書くよりも、上記のように序論を加えたり、視点を絞ったサポートをしたほうがよいでしょう。

However、On the other handなどのフレーズが効果的に使われ、高度な文章構成と文章の多様性は申し分ないといえます。

各パラグラフのポイント

◆第1パラグラフ
日本の住宅事情に触れながら遠まわしに設問への解答を述べていますが、もっとはっきりと序論を書くべきです。

◆第2パラグラフ
サポートがとても明確です。①は、Although many fights ariseとすべきです。arise（生じる、起こる、発生する）とarouse（起こす、起こさせる、喚起する）は似ているようで意味はまったく違います。また、Although there may be many fightsにするとよりよい文になり、同時にしっかりした英語力を示すことができます。②のcreate a special bondがそのよい例です。③では欠点も述べられて、エッセーの内容がわかりやすくなっています。

◆第3パラグラフ
トピック・センテンスは短くても焦点がはっきりしています。また④でも、欠点は不要であるにもかかわらず、利点と欠点の両方について書いています。

◆第4パラグラフ
⑤は、非常に強い結論文で、優秀です。自分の経験を基に意見をまとめていることを主張しています。部屋の共用を推薦するにあたって、採点者も納得できるサポート部分となっています。

模範解答 — Revised Essay [得点] 4.0 - 5.0

① <u>Very few children have a choice in whether they share a room with a brother or sister.</u> Generally, this decision is determined by the size of the house, or by the size of the family. Although many children may complain about having to share a room, I believe that the advantages associated with children sharing a room outweigh the benefits of growing up alone.

② There are many advantages to children sharing a room. Although there may be many fights, it allows the children to have a close relationship with each other. Children sharing a room will talk a lot and get to know each other well. They will discuss personal problems that they do not tell their parents about, and they will create a special bond between each other which may last their whole lives. This kind of psychological support can make a child, and someday an adult, feel less alone in the world. Also, I think it is important for children to be trained to share things, and sharing a room is perhaps the fastest way to learn.

On the other hand, some children have their own rooms. The advantage of this is that they enjoy complete privacy and are able to spend time with no interference. This also prevents fights with their siblings, and perhaps helps them concentrate when studying. With no brother or sister around to quarrel with, the child must find something more constructive to do. ③ <u>Furthermore, children who have more opportunity to be alone may develop into more independent adults than children who share rooms.</u>

In Japan, especially in big cities, it is very difficult for children to have their own rooms. I think this is the main reason why many children are forced to share rooms. Even if this is not the case, I strongly recommend that siblings share rooms at least while they are young. ④ <u>From my experience, the presence of a sibling in the same room can be very annoying at times; however, there is also a lot of fun in it.</u>

（340語程度）

[要約]
　兄弟と相部屋になるかどうかは、子どもが決められることではなく、住宅の広さや家族の規模によって決まります。個室が欲しいと言う子どもは多いのですが、私は相部屋のほうが利点があると思います。
　けんかをすることも多いでしょうが、それが親密な関係の構築につながります。相部屋であれば、互いに話す機会も増え、絆が強くなり、それが一生続くこともあります。こうした精神的な支えがあれば、大人になってもさほど孤独を感じることはありません。また、ものを分け合うことを覚えるのも、相部屋の子どものほうが早いでしょう。
　一方で、個室を与えられた子どもは、プライバシーを守れ、兄弟げんかをすることもなく、勉強にも集中できます。さらに、ひとりでいることが多い子どものほうが、自立した大人になる可能性が高いといえるでしょう。
　日本の大都市では、子どもに個室を与えるのは非常に困難ですが、そうでなくても、小さいうちは相部屋のほうがいいと私は思います。自分の経験からも、同じ部屋に兄弟がいるのはうとましいこともありますが、楽しいことも多いからです。

解説

　模範解答例は、語数も十分で語法の多様性もあります。しかし、満点は取れないと思います。4.0 - 5.0の範囲ですが、独立型問題の満点15点中で13点程度になると思います。それは、住宅事情により部屋をシェアせざるを得ない、という観点が強いからです。設問ではいずれがよいかを聞いているので、住宅事情を何度も繰り返したのではマイナスになるでしょう。

Point 1　子どもに選択権はないことを述べている
　①の子どもに選択権がないことは、おおむね正しいと思います。しかし、それを強調するのは設問から外れています。むしろ、④の実体験を最初に書いたほうがよかったかもしれません。

Point 2　シェアすることの利点を述べる
　②の第2パラグラフの書き方は素晴らしいと思います。メイン・アイデアをサポートする例示も含まれています。

Point 3　個室を持つことの重要性を述べる
　第3パラグラフは第2パラグラフとよく対比させて書かれています。特に③の「自立心の確立」に触れているのは、採点者にもわかりやすく好印象を与えるでしょう。

問題6

設問 What is considered the most important holiday in your country? Use reasons and details to support your answer.

メモ欄

[設問訳]
あなたの国で最も重要だと考えられている祝日は何ですか。具体的な理由と例を挙げて答えてください。

解答例と添削

解答例1　Low-Level　　　［得点］2.0 - 3.0

Japanese think that New Year's Day is the best holiday of all holidays, because all work, school, and studies come to a stop on that day and it seems to everyone that they can live the new year differently ① <u>from last year</u>.

I specifically like New Year's Day because all people rest, my family comes together in my house, and I get ② <u>a money called "Otoshidama"</u> from my parents.

③ <u>But if it were up to me, I think that National Foundation Day is the most important holiday.</u> Japan was defeated in WW II. I do not know whether ④ <u>it is right</u>, but now most Japanese seem to want to deny ⑤ <u>the Japan</u> before the war. The Japanese National Foundation Day, February 11, is the day that the first Japanese emperor, "Jinmu," became the emperor in 660 B.C. Most Japanese think that now the Foundation Day is not good because Imperial Japan was responsible for the "bad" war, and think that new Foundation Day is August 15, when Imperial Japan was defeated in 1945.

As such, Japanese have a chance to think about Japanese history, WW II ⑥ <u>and so on</u> on National Foundation Day. And it gives us pride as Japanese. So I think that National Foundation Day is the most important holiday of all holidays.

（210語程度）

解説

　冒頭で、自分はほかの日本人とは少し違う意見をもっていることを書いておくべきでした。そうすれば採点者は、第3パラグラフで建国記念の日について書かれても、突然の変化ではなく段階のあった展開として読むことができます。たとえば、Although I think otherwise, most Japanese think ... と書き出すのもよいでしょう。また、第2パラグラフが短く中途半端な印象があるので、第1パラグラフと合わせるようにします。日本人がお正月を好む理由をもっと具体的に挙げるとよくなります。いずれにしても、エッセーではなぜ多くの人たちが正月をいちばん重要な祝日だ思っているのかをもっと説明する必要があります。

> 各パラグラフのポイント

◆第1パラグラフ

　きちんとトピックを理解しているようですが、「建国記念の日がもっとも重要な休日である」という結論にするのであれば、序論でも建国記念の日について触れるべきです。①はfrom the last yearとします。last yearでは「去年」という意味になってしまいます。「前年」という意味ならthe last yearと定冠詞が必要です。

◆第2パラグラフ

　②のmoneyは不可算名詞なのでaは不要です。この部分は簡潔に、日本のことをよく知らない採点者にもわかるようにうまく説明されています。

◆第3パラグラフ

　③のトピック・センテンスは、理解困難です。第2パラグラフで自分の好きな休日（正月）について書いているのに、ここで突然建国記念の日がいちばん重要と述べているからです。たとえば、Although I enjoy New Year's Day very much, if it were up to me, I would designate National Foundation Day as the most important holiday for a number of reasons.とすれば、もっとわかりやすくなります。④のit is rightは正しいという意味なのか、それとも妥当という意味なのか不明です。⑤のthe Japanは具体的に何を指しているのかよくわかりません。

◆第4パラグラフ

　⑥のand so onは、会話文では問題ないのですが、明確さが要求されるエッセーで使用することはあまり好ましくありません。and other historical events, for exampleのように書き変えたほうがよいでしょう。

解答例2　Mid-Level　　　　　　　　　　　［得点］3.0 - 4.0

Although the main religion is said to be Buddhism, I feel that Japan is not a very religious country. Especially young people, including myself, have not much knowledge of national holidays and their meanings. However, I myself consider ① New Year holidays as the most important holiday in Japan.

New Year is the biggest celebration of the year in Japan, as Christmas is in European countries. In Japan, we have many national holidays, which all have meanings and are equally important; however, ② New Year is a celebration holiday that outstands the many other holidays. It is the only time of the year that most shops close, ③ and there are shops in Japan which New Year is the only time they close. It is also the holiday that most people have knowledge of. Japanese holidays have traditional ways of celebrating which are sometimes very complicated and not known to many people. However, the New Year celebration is one that everybody is familiar with, and even people living a modern or westernized life in urban areas tend to celebrate in a traditional way. Moreover, although the academic year and business year starts in April, New Year is also a time when new things begin, and especially in Japan, we go to temples and shrines during this holiday and make a wish for the whole of the new year.

In conclusion, for the reasons stated above, I think that the New Year holiday is the most important holiday in Japan.

（250語程度）

解説

　語数が足りませんが、比較的まとまったエッセーとなっています。よりよいエッセーにするためには、ほかの祝日の例を挙げて対比するべきでしょう。
　また、一般的な意見と個人の意見の出し方にも気をつけましょう。問題をよく読み、理解したうえで個人の意見を述べなくてはなりません（個人的な意見を述べるだけでは足りません）。たとえば、However, I myself consider the New Year holiday to be the most important holiday in Japan, and I believe that most Japanese consider it to be so, too.とするとよくなります。
　文全体にもっとサポートが必要です。正月についてもっと説明があってもよいですし、なぜほかの祝日よりも大規模なのか、「店が閉まる」だけではなく、どのように人々がその日を祝うのか（年賀状、初詣で、おせち料理）など、例はいくらでも挙げられるはずです。

> 各パラグラフのポイント

◆第1パラグラフ
　序論で一般化した考え方から、自分の意見に持ってきています。独立型問題は、ある意味で「パーソナル・エッセー」の要素を持ちますから、好感の持てる書き出しとなっています。また、Buddhismのスペルが正しいため、ある程度の語彙力があることを示せます。①はthe New Year holidayとすべきです。特定の休暇なので冠詞をつけて単数形にします。

◆第2パラグラフ
　このパラグラフにはぎこちない文があります。たとえば、②はNew Year is a holiday, the celebration of which is outstanding among many other holidays.のようにするとよくなります。③はand for some shops, the only time they close is ...としたほうがまとまりのある文章になります。

◆第3パラグラフ
　結論は短くてもはっきり意見を述べています。ここで、もう少し自分の意見やこの祝日に対する将来の希望を書いてもよかったでしょう。

模範解答 Revised Essay　　[得点] 4.0 - 5.0

① <u>In Japan, we have many national holidays which all have meanings and are considered important.</u> Although the main religion is said to be Buddhism, Japan is not a very religious country. Young people in particular have little knowledge of the meaning of national holidays that concern religion. Perhaps the only religious holiday that is widely observed is the New Year holiday, the celebration of which is outstanding among many other holidays. There are religious events, family gatherings and a variety of traditions that make it a particularly special occasion. For this reason, I myself consider the New Year holiday to be the most important holiday in Japan, and I believe that most Japanese consider it to be so, too.

As Christmas is to European countries, New Year is the biggest celebration of the year in Japan. It is the only time of the year that most shops close. In fact, for some shops, the only time they close is on New Year. Most people return to their hometown to enjoy the holiday, which generally lasts for three days.

② <u>During their time at home over the holidays, people eat traditional New Year's food, "osechi ryori," which is prepared ahead of time so that the women in the family could relax and enjoy the holidays.</u> Also at that time, people send New Year's greetings to the people they know using a type of postcard called a "nenga jyo." On New Year's Day, some families receive a large stack of these cards, especially if they are well known in the community. Finally, although the academic year and business year starts in April, the New Year is a time when new things begin, and it is tradition to go to a temple or shrine to make a wish for the whole of the new year. For many Japanese, the holiday is not complete without this "hatsu mode."

③ In conclusion, the New Year celebration is one that everybody is familiar with, and even people living a modern or westernized life in urban areas tend to celebrate in the traditional ways that I've stated above. ④ <u>Unlike other Japanese holidays, which people may or may not celebrate, the New Year holiday is enjoyed and respected by virtually everyone in Japan.</u> It is clear that for most Japanese, myself included, the New Year is the most important holiday in Japan.

（390語程度）

TOEFL iBT

Task 2 実践トレーニング［独立型問題］

［要約］
　日本には祝日が多く、それぞれに意味合いがあって重要だと考えられています。日本では仏教が盛んですが、若い人たちは宗教に関する祝日の意味をあまり理解していません。宗教関係の祝日で唯一広く祝われているのは、宗教儀式や伝統的行事が行われる元日だと思われます。ですから、私としては元日が日本で最も重要な祝日であると考えますし、ほとんどの日本人もそう思っているはずです。
　日本の正月はヨーロッパのクリスマスのようなものです。1年間でこのときだけはほとんどの店が閉まり、多くの人たちが帰省して正月を祝います。
　故郷では伝統的な「おせち料理」を食べますが、これは女性が正月にゆっくりできるよう、あらかじめ用意しておく食べ物のことです。また、「年賀状」と呼ばれるはがきを友人や知人に送ります。学校や会社の新年度は4月から始まりますが、正月は新たなことを始めるときで、お寺や神社にその1年の願いごとをしに行く「初詣で」は欠かせません。
　つまり、日ごろ西洋的な生活をしている人でも正月は伝統に則って祝うため、ほかの祝日とは異なり、元日が日本でもっとも重要な祝日だと思います。

解説

　解答例2を内容面と語法の多様性を持たせて発展させています。また、さまざまな例示により正月のよさを示しています。

❹ Point 1　出だしが肝心
　解答例2では、唐突に仏教の話が出てきました。①で多くの有用な祝日がある旨を述べることにより、読みやすい書き出しのエッセーとなっています。

❹ Point 2　具体的な例示を述べる
　第3パラグラフでは、正月の具体的な特徴を述べています。おせち料理や年賀状、初詣でなどを盛り込んでいる点が評価できます。特に②のおせち料理が主婦（女性）を休ませるという内容は好感が持てます。

❹ Point 3　結論を充実させている
　③の結論では、④でほかの祝日との対比を述べることにより、正月がよりよいものだという結論を導き出しています。そして、unlikeの活用方法など語法の多様性があることを示しています。充実した結論となっています。

問題7

設問 Do you agree or disagree with the following statement? Rich people are always happy. Use specific reasons and examples to support your answer.

メモ欄

[設問訳]
　これから述べることについて、あなたは賛成ですか、それとも、反対ですか。「お金持ちはいつでも幸せである」。具体的な理由と例を挙げて答えてください。

解答例と添削

解答例1　Low-Level　　　　　　　　　　　　　　　　　　［得点］1.5 - 2.5

Some people say that it is better to be poor and happy than rich and sad. But I do not agree. It is difficult to be happy if you are poor, and have no money to buy what you want. Having money and being <u>rich</u> is happiness.

Most people want to be <u>rich</u> because, if they were <u>rich</u>, they ① <u>can</u> buy everything what they want. <u>Rich</u> people not only can buy everything but also receive ② <u>high education</u>. And rich people are often respected by the people around him. ③ <u>I respect Masaru Ibuka</u>. Ibuka was very <u>rich</u> because he established the SONY Corporation. The person who can be <u>rich</u> has talent to earn money, patience to get chances, and popularity to use others.

<u>But it is difficult for rich people to understand ordinary or poor people's life.</u> When the people who have less become very dissatisfied, they revolt as they did in the French Revolution. Like this, being <u>rich</u> has its merits and demerits.

④ <u>I think that I want to be rich, because I like rich life better than poor.</u> It is often said that <u>rich</u> people are poor at heart. But I think that is not true because the man who can receive ② <u>high education</u> and buy everything must not be poor at heart. They have many rooms in <u>highly educated</u> heart.

（220語程度）

解説

　このエッセーには問題と直接関係ない話題が2、3出てきますが、問題で求められた内容に関係ないことは減点の対象になります。第3パラグラフの第1、第2センテンスの間につながりが見えません。フランス革命を例として使うのであれば、それまでの過程を含めてサポートしながら書かなければなりません。なぜフランス革命がここで例になるのか、なぜ富裕層の人々はそうでない人たちの気持ちを理解していないのかについての説明がありません。また、事実（Ibuka was very rich because he established the SONY Corporation.など）や主張文（But it is difficult for rich people to understand ordinary or poor people's life.など）は例や理由を挙げてサポートしなければなりません。

　このエッセーの中ではrichという単語を13回も使っていますが、同じ単語を連発せずに同義語（wealthy、affluent、well-offなど）を使うともっと効果的です。語彙不足は減点の対象になると覚えておきましょう。

各パラグラフのポイント

◆第1パラグラフ

　しっかりした構成の序論です。ただし、問題は「裕福な人が幸せであるかどうか」を聞いているにもかかわらず、「裕福な人のほうがよいかどうか」について書いています。もっとはっきりしたトピック・センテンスが必要です。たとえばI do not agree with the statement for a number of reasons.とすると明確になります。

◆第2パラグラフ

　①は仮定法なので、断定のcanではなく可能性のcouldを使用します。②のhigh educationが2回出てきますが、この表現は英語にはありません。正しくはhigher educationです。③では井深大氏を尊敬していることを書いていますが、それは問題とは無関係です。例として挙げるのならば、一般的な書き方でなければならないので、I respect Masaru Ibuka.をMasaru Ibuka was respected by many people.にしたほうがよいでしょう。

◆第4パラグラフ

　④の結論では個人の意見を述べてもよいのですが、最初にトピック・センテンスとして挙げるのは避けます。多くの場合、最初は序論や本論で述べたことについて再度触れ、最後に自分の考えで締めくくるほうが採点者に理解されやすいでしょう。

解答例2 Mid-Level ［得点］2.0 - 3.0

I do not believe that all rich people are happy. Although being rich makes life easier than being poor, there are many types of happiness, and I do not think that ① <u>everybody seeks their happiness in the amount of money they have.</u>

If I were rich, I would be able to go to many places and do many more things, or buy much more, and I think I would be happier than I am now. <u>However</u>, this ② <u>is</u> because I have friends to go with and to share my happiness with. <u>Moreover</u>, ③ <u>I have</u> the health to enjoy these activities and the mind to <u>feel content</u>.

I know some elderly people who are rich but do not seem happy. They spend their money on expensive clothes and furniture, however, they do not have ④ <u>anybody to admire and enjoy the luxuries with</u>. Also, if I could buy everything that I wanted, I think it would be boring and I would <u>miss the joy of achieving</u> something after hard work.

Money is important, and life may be more interesting and happier if I had more money. <u>However</u>, money is not the only thing that makes one happy, and I do not believe one can be completely content by just being rich.

（210語程度）

解説

　特にハイレベルの単語を使っているわけではありませんが、しっかりとした言葉遣いや表現（feel content、enjoy the luxuries、miss the joy of achievingなど）が使われている点が評価できます。howeverやmoreoverの使い方もよくできています。
　この設問は、2つの争点を議論するというものではなく、解答者の意見を求める問題です。よって、解答者は自分の立場を明確にしたあとは、すぐに自分の意見を説明、根拠づけなくてはなりません。この点でこの筆者は、冒頭でI do not believe that all rich people are happy.と述べたあと、すぐになぜ「裕福であることが幸せであるとは限らない」のかということの説明を始めていて、設問の主旨を理解しているといえます。
　しかし、語数が極端に少なく、文法上のミスもありますので、解答例1よりは高い点数となりますが、高得点は望めません。

各パラグラフのポイント

◆第1パラグラフ
　冒頭のトピック・センテンスが明確で、問題定義ができています。①のeverybodyは単数なので、theirとtheyはhis/herとhe/sheであるべきです。あまりhe/sheが続くようなら、all people seek their happiness ...として、their、theyで受けるのも方法です。

◆第2パラグラフ
　このパラグラフでは自分の気持ちを、第3パラグラフでは自分が観察した他人の行動をわかりやすく書いていて、流れがスムーズです。前の文章が仮定法なので②のisをwould beにします。③も引き続き仮定法で書く必要があり、I haveをI would have ...にします。

◆第3パラグラフ
　④は、anybody to share their luxuries withのほうが適切です。admireには「感心する、称賛する」の意味があり、shareには「分かち合う」の意味がありますが、「贅沢(luxuries)を分かち合う人」というこの文章にはshareのほうが合います。

◆第4パラグラフ
　結論の役割である本論のまとめをしたうえで、自分の意見を述べていて、しっかりとした結論になっています。

模範解答　Revised Essay　　［得点］4.0 - 5.0

I do not believe that rich people are always happy. Although being rich makes life easier than being poor, there are many types of happiness, and I do not think that all people seek their happiness in the amount of money they have. Strong personal relationships, health and hard work are just as important as money in creating a happy life. Here, I will state the following two reasons to support my answer.

If I were rich, I would be able to go to many places, do many more things, and buy much more, and I think I would be happier than I am now. However, this would be because I have friends to go with and to share my happiness with. Moreover, I would have the health to enjoy these activities and the mind to feel content. I know some elderly people who are very rich but do not seem happy. They spend their money on expensive clothes and furniture, however, they do not have anybody to share their luxuries with. ① <u>If it were true that money could buy happiness, then these people should be much happier than everybody else, but they are not.</u>

Another reason why I feel that rich people are not always happy is the fact that many wealthy people have everything they want and everything done for them. I think that they cannot comprehend the satisfaction that comes with doing something the hard way. If I could buy everything that I wanted, I think it would be boring and I would miss the joy of achieving something after hard work.

In the end, there is no denying that money is important, and life may be more interesting and happier if I had more money. However, this would be because I had the friends and health to enjoy it, and the ability to appreciate it. ② <u>Money is not the only thing that makes one happy, and I do not believe one can be completely content by just being rich.</u>

（330語程度）

[要約]
　お金持ちが必ずしも幸せだとは思いません。お金があったほうが生活は楽ですが、人と人との強いつながり、健康、勤勉など、お金以外の幸せを求めている人もいます。
　もし私がお金持ちだったら、もっと旅行したり、いろいろなことをしたり、買い物をしたりと、今よりも幸せかもしれません。しかし、それも幸せを一緒に分かち合える友だちがいるからこそです。また、そうしたことを楽しめるように健康でなくてはなりません。高齢者の中には、お金は持っていても幸せではない人たちがたくさんいます。お金で幸せが買えればいいのでしょうが、実際にはそれはできないことです。
　欲しいものは何でも手に入れているという点でも、お金持ちは幸せではないと思います。一生懸命勝ち取ったという満足感を味わえないからです。何でも好きなものが手に入るとしたら、達成感を得ることができません。
　結論として、お金が大切であることは否定できませんし、もっとお金があればより楽しい人生が過ごせるでしょうが、それは友だちがいて、健康であり、ありがたいと思えて初めて感じられることです。お金だけで幸せにはなれませんし、お金を持っているからといって十分な満足感を得られるとは思いません。

解説

　この模範解答例は4.0 - 5.0の配点ですが、問題5と同様に、おそらくスコアは13点程度となるでしょう。語法の多様性もありますが、具体例がないためです。お金を求めずに、インドの貧困層を助けたノーベル平和賞受賞者の故マザー・テレサ（Mother Teresa）の活動などを書くとよいかもしれません。また、お金持ちで幸せになっていない人を知っていれば、その例でもかまいません。

❶ Point 1　一般論だけでは評価されない
　設問では必ず「具体的な理由と例を挙げなさい」という指示があります。この点をしっかり念頭に置いてください。

❶ Point 2　正しい仮定法は加点対象
　①で正確な仮定法過去（現在の状況を示す）を用いています。文法能力を測るのも、このライティング・セクションの特徴です。さまざまな語法を身につけましょう。

❶ Point 3　まとまりをつける
　第4パラグラフは結論ですから、まとめになるのは当然です。そして、この文章では②によって「お金はある程度大事、でも、お金だけでは不十分である」ということをきれいに最後にまとめています。このセンテンスによって結論がピリッとしまったものになります。

Chapter 6

Simulated Test
模擬テスト

- 168 模擬テストを受ける前に
- 169 模擬テスト1
- 172 模擬テスト2
- 175 模擬テスト3
- 178 解答例と解説

模擬テストを受ける前に

　本書では、iBTライティング・セクション3回分の模擬テストを用意しています。これまでに学習、練習してきたことを振り返り、本番の試験を想定しながら挑戦してください。試験を始める前に、以下の項目をよく読みましょう。

1 制限時間
　Task 1 統合型問題……20分
　Task 2 独立型問題……30分

2 注意事項
1) 解答の制限時間を守るため、ストップウォッチまたは時計を用意してください。
2) Task 1では、パッセージを読んだあと、付属CDを使って講義の音声を聞きます。CDプレーヤーやパソコンなどを用意してください（付属CDの使い方は、p. 6参照）。
3) パッセージを読みながら、また講義を聞きながらメモを取ってもかまいません。文章のアウトラインを考えるためにも、メモ書きは重要です。
4) 本番の試験では、講義を聞いている時間はパッセージを読むことはできません。リスニングの間、テスト画面には講義風景などの写真が表示されます。
5) 本番の試験と同様に、講義が終わって解答時間が始まったら、パッセージを再び読んでください。

3 得点の目安と採点
1) Task 1、Task 2ともに5点満点ですから、合計の素点は10点となります。ライティング・セクションでは、この素点が30点満点のスコアに換算されます。そのおおよその目安を以下に示しましたので、参考にしてください。

素点	スコア換算値
10点	30点
9点	28点前後
8点	25点前後
7点	20点前後
6点	13点前後
5点	10点前後

2) Task 1では指示された語数を守ってください。
3) 試験を受けたあとは、本書の解答例と皆さんの答案を比較してみましょう。また、解説のポイントをよく読んで、自分の解答を採点してみてください。点数は1点刻みです。

　それでは、CDプレーヤーのスタートボタンを押して、模擬テスト1から始めましょう。

模擬テスト1

Q1 Writing Task 1

Directions: In this writing task, you will first read the passage, then, listen to the lecture. After the lecture, you are required to respond to the question.

Now, you have 3 minutes to read the following passage. You may take notes if you like.

リーディング・パッセージ

　Scientists and doctors are using 21st-century technology to splice and modify the genetic makeup of plants and animals. The goals of genetic engineering are lofty: to remedy the causes and effects of illness and disease.

　Genetic engineering of agriculture promises to improve the health of people and plants that are beneficial to humans. This is accomplished by transferring genes from one species to another. Swiss scientists have successfully added a gene which increased the beta-carotene content of rice. This genetic engineering, or GE food, solves a vitamin deficiency problem which affects millions. Other results include insect- and drought-resistant crops. These promise to alleviate problems of scarcity and can be a solution to world hunger as soon as governments loosen trade restrictions. Genetic engineering can allow the growth of nutritious foods despite the effects of global warming. If the gene for frost-resistance is transferred to fruit trees, it would allow farmers to grow GE fruit in unseasonably cold climates.

　Genetic engineering holds immense potential for medical doctors to diagnose patients. At this time, genetic defects in plants and animals are identifiable. Still, the genetic sources of the motoric and neuropsychiatric symptoms of developmental disorders are a long way from being identified. This is why treatment through stem-cell procedures and other experimental methods are to be undertaken with caution. Most importantly, genetic engineering and its development should proceed, but with careful oversight. It is only a matter of time before the ability to control life at the genetic level will lead to cures for contagious diseases, developmental disorders, and degenerative conditions.

メモ欄

Now, listen to part of a lecture on the topic you just read about.

(メモ欄)

Now, get ready to answer the following question. You can use your notes to help answer the question.

Directions: You have 20 minutes to plan and write your response. Your response will be judged on the basis of the quality of your writing and on how well your response presents the points in the lecture and their relationship to the reading passage. Typically, an effective response will be 150 to 225 words.

Question: Summarize the points made in the lecture, being sure to specifically explain how they challenge specific claims and arguments made in the reading passage.

(メモ欄)

Q2 Writing Task 2

Directions:

Read the question below. You have 30 minutes to plan, write, and review your essay. Usually, a good essay will contain a minimum of 300 words.

Some people believe that home-cooked meals are the best while others think that eating out or restaurant-delivered meals are better. Discuss both ways of thinking and state which one you agree with. Use specific reasons to support your answer.

(メモ欄)

模擬テスト2

Q1 Writing Task 1

Directions: In this writing task, you will first read the passage, then, listen to the lecture. After the lecture, you are required to respond to the question.

Now, you have 3 minutes to read the following passage. You may take notes if you like.

リーディング・パッセージ

This year's annual International Conference on Intercultural Awareness and Communication was held in Honolulu. Considering the confluence of cultures that Hawaii represents, we could not have found a better location for exchanging information and presenting our findings. This year's conference theme was "The Importance of Intercultural Communication in the Workplace."

Over the course of five days, forty-three papers were presented — a conference record. Presentation themes included how intercultural communication applied to project development, human resource management, negotiations, and corporate image on the Internet. Most presenters seemed to agree that intercultural communication is as important as ever. According to a post-conference survey, 94 percent of the attendees believe intercultural awareness is an indispensable job qualification. Over 90 percent of attendees agreed that intercultural communication is an important skill in the global job market.

A recurring theme was the long-term value of intercultural skills in the workplace. Professor Leonard Griffin of the University of Hawaii opened the plenary session by outlining the benefits of intercultural communication: job opportunities, options, and stability. Competence in intercultural situations seems to be a key indicator of job satisfaction and personal happiness.

Corresponding findings were presented by Harold and Angela Meyerson. They shared their 10 years of experience running International Work Exchange Inc., a global recruiting firm in San Francisco. According to their experience, interculturally competent workers are more successful. Simply put, intercultural communication enables people for today's world. Employees able to see opportunities in their differences tend to have better problem-solving skills and be more productive. Their communication skills can ultimately lead to a friendlier office and pave the way for promotion.

TOEFL iBT 模擬テスト

(メモ欄)

Now, listen to part of a lecture on the topic you just read about.

(メモ欄)

Now, get ready to answer the following question. You can use your notes to help answer the question.

Directions: You have 20 minutes to plan and write your response. Your response will be judged on the basis of the quality of your writing and on how well your response presents the points in the lecture and their relationship to the reading passage. Typically, an effective response will be 150 to 225 words.

Question: Summarize the points made in the lecture, being sure to explain how they strengthen specific points made in the reading passage.

(メモ欄)

Writing Task 2

Directions:
Read the question below. You have 30 minutes to plan, write, and review your essay. Usually, a good essay will contain a minimum of 300 words.

The microwave oven and air-conditioner are inventions of the 20th century which have made life more convenient and comfortable. Name another invention which you consider important to our lives. Support your opinion by using specific reasons and details.

(メモ欄)

模擬テスト3

Q1 Writing Task 1

Directions: In this writing task, you will first read the passage, then, listen to the lecture. After the lecture, you are required to respond to the question.

Now, you have 3 minutes to read the following passage. You may take notes if you like.

リーディング・パッセージ

　The economic threat of acid rain should not be underestimated. According to a report commissioned by the EPA, Environmental Protection Agency, acid rain registering as low as a pH of 4 falls in the Northeastern corridor. Acid rain has been the source of political and economic friction since the 1970's. Despite efforts to cap sulfur and nitrogen dioxide emissions at their chief sources — power plants, factories and automobiles — eastern Canada still faces a serious problem. Recognizing that both countries must work together, Canada and the United States convened the Air Quality Committee meeting in 2002 to discuss and set goals for alleviating the problem of acid rain. A number of solutions have been put into motion and timelines have been set.

　A series of ambitious government efforts have been launched since the Kyoto Protocol in 1998. Quebec and Ontario promise to reduce emissions by 50 percent by 2010 and 2015, respectively. Ontario wants its electricity plants to reduce smog by 2007. Emissions reduction trading has been introduced to accommodate the electricity sector in reaching the latest goals. It is a way to make the process of compliance more economically feasible.

　The Canadian government has launched an education campaign to raise awareness of acid rain and passed legislation to promote greener energy sources. In addition, the aim of their approach is to limit acid rain at its source and keep its spread under control. Further approaches to management, conservation and standards are being explored by newly appointed groups within the government.

　We are given some limited hope by the fact that some acidified lakes have been recovering. Thirty-three percent have shown a reduction in acidity, whereas 56 percent demonstrate no change, and in 11 percent acidification has gotten worse. As had been hoped, fish and bird populations have returned to some areas where the original percentage of acid rain was reduced to nearly non-acidic levels.

メモ欄

Now, listen to part of a lecture on the topic you just read about.

メモ欄

Now, get ready to answer the following question. You can use your notes to help answer the question.

Directions: You have 20 minutes to plan and write your response. Your response will be judged on the basis of the quality of your writing and on how well your response presents the points in the lecture and their relationship to the reading passage. Typically, an effective response will be 150 to 225 words.

Question: Summarize the points made in the reading passage, being sure to specifically explain how they answer the problems raised in the lecture.

メモ欄

Writing Task 2

Directions:
Read the question below. You have 30 minutes to plan, write, and review your essay. Usually, a good essay will contain a minimum of 300 words.

If you could live in another time and place, where and when would you choose to live? Use specific reasons to explain your answer.

(メモ欄)

模擬テスト1　解答例と解説

Q1　Writing Task 1

[パッセージの訳例]

　科学者や博士らは、21世紀の技術を使って、植物や動物の遺伝子構造の組み換えを行っている。遺伝子組み換えには、疾患、疾病の原因と結果に対して対策を講ずるという高尚な目的がある。

　農業分野での遺伝子組み換えは、人体と植物の健康改善を約束し、人間に利益をもたらすものである。これは遺伝子をある種から別の種へ形質転換させることで実現できる。スイスの科学者らが、米のベータカロチン含有量を増加させる遺伝子を組み入れることに成功した。この遺伝子組み換え食品は、数百万人を苦しめているビタミン欠乏の問題を解決する。そのほかの結果としては、害虫や干ばつに強い穀物がある。各国政府が貿易制限を緩和すれば、即座にこうした農作物が食糧難といった問題を軽減し、世界的な飢饉に対する解決策になりうるのである。遺伝子組み換え技術は、地球温暖化の影響下においても、栄養価の高い食物を育てることを可能にする。霜に強い遺伝子を果実の木に組み入れれば、季節外れに寒い気候に見舞われても農家は遺伝子組み換え果実を育てることができるのである。

　遺伝子組み換え技術は、患者を治療する医者にとって計り知れない可能性を秘めている。現段階では動植物の遺伝子上の欠陥を識別することは可能になっている。それでも、発達障害における運動および神経精神的症状の遺伝子源を識別するにはまだほど遠い段階である。このため、幹細胞を利用した方式や実験的要素がより多い方法での治療を実施するには注意が必要となる。重要なのは、遺伝子組み換え技術とその開発は慎重に管理されたうえで、初めて実施されるべきだということである。遺伝子レベルで生命をコントロールする能力が、伝染病、発達障害、変性状態の治療へとつながるのは、時間の問題でしかない。

[講義のスクリプト]

Professor:

　Now I want to tell you about how the American Food and Drug Administration relates to genetic engineering. The FDA is responsible for regulating genetically engineered foods. They receive voluntary summaries from food developers and review them to determine if they meet all the safety criteria.

　The FDA at this point in history lacks the necessary help and authority to stand up to billion-dollar corporations promoting biotech foods. To effectively regulate genetically modified food, there should be adequate testing. Few, if any, food developers have provided explanations of their safety tests for review. This should be a cause for alarm, because there are two claims that cannot be proven about genetically engineered food, plants and animals.

　One, is they will not harm the environment and other species, and the other is they are safe to enter the food chain for consumption.

　Unsubstantiated claims about genetically engineered foods are being used to bring these products to market and grow them in unrestricted areas of the world. The Freedom of Information Act was used to obtain more than a quarter of the 53 alleged data summaries that GE-food developers gave to the FDA for review.

　The biotechnology companies submitted data saying their products are safe, but the quality and level of data were blatantly insufficient. Since the FDA has allowed this to pass as proof, we are in a situation similar to the turn of the last century — we cannot assume that everything on store shelves is fit for human consumption. Fact: we still do not know everything about genetic modifications. Yet Americans are literally surrounded by genetically modified food every time we enter a supermarket.

These foods are being grown on over a hundred million acres alongside natural crops in the U.S. Genetically engineered soil and seeds are carried by the rain and wind resulting in other parts of the country being contaminated. Corporations point to tests conducted in 1996 that say no damage is caused by biotech foods. However, given evidence of contamination, scientists do not have time on their side, because we won't be able to easily differentiate between the effects from natural crops and GE crops as they merge. Similarly, there has been pressure to exaggerate or falsify claims on the part of scientists studying stem cells and genetic research in humans. I'd like to talk about that next.

[講義の訳例]

　米国食品医薬品局（FDA）が遺伝子組み換え技術とどのようにかかわっているかをお話ししたいと思います。FDAは遺伝子組み換え食品を規制する立場にあります。そこでは、食品会社が自主的に作成した商品概要を入手検討し、その食品が安全基準をすべて満たしているかどうかを判断します。

　現在の段階で、FDAに欠けているのは、バイオテクノロジー食品を販売している10億ドル企業に立ち向かうために必要な援助と権力です。遺伝子組み換え食品を効果的に規制するためには、適切な試験が行われなくてはなりません。まったくないとは言いませんが、審査用にと自ら行った安全性テストの説明を提出してきた食品会社は、これまでほとんどありませんでした。これは注意を喚起すべきことです。というのは、遺伝子組み換え食品、植物、動物に関して証明することができない主張が2点あるからです。

　1つは、遺伝子組み換え食品が環境やほかの種に悪影響を与えないとするもの。もう1つは、食物連鎖に組み込まれて消費されても安全であるとするものです。

　遺伝子組み換え作物を、全世界で地域の規制なく市場に出し、栽培できるよう、こうした食品に関する根拠のない主張がなされています。食品会社が審査資料としてFDAに提出し、疑惑を持たれた53件のデータ概要のうち、4分の1を超えるものが情報公開法によって開示されました。

　そうしたバイオテクノロジー企業は自社の商品は安全であるとするデータを提出していましたが、そのデータの質とレベルは明らかに不十分なものでした。FDAはこのデータを証拠として認めてきたために、私たちは今、前世紀末と同じ状況にいます。つまり、店頭に並んでいるものすべてが飲食に適しているわけではないと思わざるをえないのです。実際のところ、私たちは遺伝子組み換え食品についてまだすべてのことを知っているわけではありません。それでいながら、スーパーマーケットに入るたびにアメリカ人は、遺伝子組み換え食品に文字どおり取り囲まれているのです。

　こうした食品は、全米の1億エーカーを超える農地で自然穀物に隣接して栽培されています。遺伝子組み換えされた土やタネが、風雨によって運ばれ、その結果、ほかの地域が汚染されています。企業側は、1996年の検査ではバイオテクノロジー食品による汚染被害はないという結果が出ていると言います。しかし、汚染の証拠があることを考えると、影響が出た際にはそれが自然の穀物からなのか、遺伝子組み換えされた穀物からなのかをすぐには峻別することはできないため、科学者側にしてみれば時間が足りないのです。同様に、人間の幹細胞や遺伝子の研究をしている科学者に主張を誇張、もしくは、改ざんするよう圧力がかかっていました。そのことについては次回お話しします。

[設問訳]
講義のポイントを要約しなさい。その際、必ずリーディング・パッセージで述べられてる主張や議論にどう反論しているかを説明しなさい。

> 解答例
>
> ① <u>The passage discusses the promising usage of genetic engineering to solve a number of problems, including curing diseases and preventing food shortages.</u> ② <u>However, the lecturer casts doubt on the safety of genetically engineered food. He explains that the FDA is responsible for ensuring the safety of GE crops.</u> ③ <u>Although GE food producers are required to submit explanations and data declaring that GE crops are safe, the FDA is incapable of assessing the data because it lacks the resources and authority to challenge major agribusiness claims.</u> GE food developers are so financially powerful that the FDA often accedes to the manufacturers' requests, despite the insufficient data.
>
> ④ <u>Secondly, although the passage states that genetic engineering may produce highly nutritious food, cure vitamin deficiencies, and yield promising frost-resistant fruit able to be grown in cold climates, the lecturer contends that GE food may still lead to environmental problems.</u> GE crops may contaminate the existing food chain, creating the risk of hybrids of natural and GE crops, and could also cause soil contamination. No one knows with absolute certainty what problems could be caused by genetic engineering.
>
> ⑤ <u>Although the passage states that biotech should be proceeded carefully in order to treat contagious diseases and other problems, the lecturer also has reservations about the use of stem-cell technology and genetic research in humans.</u>
>
> （220語程度）

[要約]
　パッセージでは、遺伝子組み換え技術を利用して、多くの問題を解決できるとあります。しかし、教授は遺伝子組み換え食品の安全性に疑問を投げかけ、食品医薬品局にその責任があると言います。食品会社は遺伝子組み換え食品が安全であるとする説明およびデータを提出していますが、FDAに人材と権利がないため、データを検証することができません。資金などの面で弱い食品医薬品局はそのデータを認めざるをえない状況にあります。
　また、パッセージでは遺伝子組み換え食品が食料問題を解決する可能性があるとしていますが、教授は

環境問題を引き起こす可能性を主張します。遺伝子組み換え食品は食物連鎖に悪影響を及ぼし、自然穀物と遺伝子組み換え穀物の交配種ができ、土壌汚染につながりかねません。つまり、遺伝子組み換え食品が引き起こす問題は予想不可能なのです。

　パッセージでは、バイオテクノロジーを慎重に利用して伝染病などの治療に役立てるべきだと書かれていますが、教授は幹細胞技術や遺伝子研究を人体に応用することについては不安を感じています。

解説と採点基準

［出題パターン］反論タイプ　［難易度］★（低レベル）

　この模擬テストの内容は、比較的わかりやすかったと思います。パッセージでは遺伝子工学による恩恵を述べ、講義ではチェック体制を持つべきFDA（食品医薬品局）の無力さと、遺伝子工学から生じた産物の危険性を述べています。

　それでは、以下の解答ポイントを見ましょう。

❶ Point 1　パッセージと講義の内容を簡潔に述べる

　①では、パッセージの内容として、遺伝子工学によって医療や農産物生産力が飛躍的に進展すると述べています。②では、講義内容を示し、遺伝子工学に対する疑問点について書いています。この簡潔な書き出しで、設問に対する理解度がわかります。1〜2点の加算となります。

❶ Point 2　対比の内容を詳述する

　③では、GE企業が十分なデータを提示せず、また、FDAも解析能力がないことを述べています。④を含む第2パラグラフでは、食物連鎖に入り込むことにより、問題が生じたときに原因追及が不可能であるという講義内容を取り上げました。統合型問題ですから、講義内容が重要なことは当然です。その内容を③と④で詳しく述べています。2点程度の獲得となるでしょう。

❶ Point 3　対比していないところはさらっと流す

　⑤の第3パラグラフでは、医療分野について述べています。ちょうど、リーディング・パッセージの第3パラグラフに対応するところです。しかし、講義では医療分野に関しては、よいとも悪いとも述べていません。そのため、パッセージ内容では大きく触れている内容であったとしても、簡潔に述べなければなりません。

　設問ではchallengeという言葉が使われています。教授は、この部分に関しては意見を保留している状態なのです。そのため、軽くその内容に触れるだけでかまいません。この部分は、全体の解答の中では重要ではありませんが、加点対象として0.5点は与えられるでしょう。

Q2 Writing Task 2

[設問訳]
　家庭料理が最高だと思っている人もいれば、外食やレストランから配達してもらう料理のほうがいいと言う人もいます。双方の考え方を検討し、あなたはどちらに賛成するかを述べてください。具体的な理由と例を挙げて答えてください。

解答例

I think home-cooked meals are better than eating out or restaurant-delivered meals. I feel very strongly about this, and rarely go to restaurants even when invited out by friends. They cannot understand my stubbornness, but I have my reasons. Now, I will discuss the following two viewpoints in order to support my response.

① <u>First of all, I think home-made meals are safer than restaurant meals.</u> With home-cooked meals, you will always know what the ingredients are, whereas with restaurant meals you do not know what has been used. ② <u>Restaurants usually use various chemical ingredients to make the food taste better.</u> This may be harmless if taken only once in a while, however, I think it could harm the body if taken too frequently. My friends are not so concerned with this, and they say that restaurant food is safer than the food they might buy at a convenience store when they do not have the time or energy to cook for themselves.

③ <u>Secondly, home-made meals are usually more nutritious than restaurant meals.</u> ④ <u>Many restaurant meals are high in calories and are cooked with a lot of seasonings.</u> Although this makes the dishes delicious, it also contributes to an imbalanced diet. ⑤ <u>With home-made meals, the family member who does the cooking will always be thinking about the health and diet of the members who are eating the food. Since the cook will know the menu for each day's meals, it is easy to adjust any imbalance in the family's diet.</u>

In conclusion, there is no doubt that for many people eating out or eating restaurant food is an easy and enjoyable alternative to home-cooking. Restaurant meals are, however, more expensive than home-made meals, and should perhaps be kept as a treat for special occasions. ⑥ <u>In my opinion, it is much safer and more nutritious to eat at home. This is why I think</u>

> that home-made meals are better than eating out or ordering restaurant-delivered meals.
>
> （330語程度）

[要約]
　私は家庭料理のほうが断然いいと思っています。友人にレストランへ行こうと誘われてもめったに行きません。それには理由があります。
　まず、家庭料理のほうが安全だからです。家で作っていれば何が入っているかすべてわかりますが、外食ではそうはいきません。レストランでは、さまざまな化学調味料を使って味を出しています。たまにならいいでしょうが、これを頻繁に食べていたら体に毒です。友人はその点を理解せず、時間がないときなどはコンビニエンスストアで買うよりましだと言います。
　もう1つの理由は、栄養面で家庭料理のほうが勝っていることです。レストランの料理は、高カロリーで調味料を多用しているため、バランスがよくありません。家庭料理は作る人が食べる人の健康を考え、毎回の食事の内容がわかって作っているので、バランスをとりやすいのです。
　結論としては、外食は値段が高く、特別なときにだけ利用すべきものです。家の食事のほうが安全ですし、栄養面でも優れていますから、私は外食より家庭料理のほうがいいと思います。

解説

非常にまとまりのある解答例です。外食産業に関係する方には申し訳ないのですが、近年の健康志向の高まりを的確に示しています。それでは、解答ポイントを見ましょう。

❶ Point 1　的確なメイン・アイデアを2つ述べている

本論では①の「食の安全性」と③の「栄養面」から、家庭で調理することのよさを示しています。この2つの点を的確に支持する②と④、および⑤のサポーティング・アイデアにより、少なくとも2点以上の得点が与えられます。

❶ Point 2　流れがある

序論から結論までに流れがあり、きれいにまとめられています。⑥では、結論でのまとめとして流れをサポートしています。首尾一貫した(coherent)考えを示しているため2点が加算されるでしょう。

❶ Point 3　転換語句や語法が豊富である

first of all、whereas、secondly、howeverなど豊富な転換語句を用いています。また、第2パラグラフにも、第4センテンスの仮定法や最終センテンスの比較級など、語法の多様性が見られます。この観点から1点以上の加算があるでしょう。

模擬テスト2　解答例と解説

Q1　Writing Task 1

[パッセージの訳例]

　今年度の異文化理解・コミュニケーション国際年次会議はホノルルで開催された。ハワイが示す文化の多様性を考えると、情報交換や発表にこれ以上適した場所はなかった。今年の会議のテーマは「職場における異文化コミュニケーションの重要性」であった。

　5日間の期間を通して、43本の論文が発表され、これまでの会議で最高の本数だった。プレゼンテーションのテーマとしては、プロジェクト展開、人材管理、交渉、インターネット上での企業イメージに対して、異文化コミュニケーション技術を応用する方法などがあった。プレゼンテーション発表者のほとんどが、異文化コミュニケーションがかつてないほど重要であるという点で意見が一致していた。会議後のアンケートによると、参加者の94％が異文化理解を仕事に必要な資格としてはずせないと言っている。90％を超える参加者は、異文化コミュニケーションが国際業務市場では重要な技能であるということに同意している。

　職場において異文化に関する技能が持つ長期的な価値が、テーマとして繰り返し取り上げられた。ハワイ大学のレオナルド・グリフィン教授は、本会議の冒頭で異文化コミュニケーションの利点について概説した。その利点とは、就業の機会、選択肢、安定性である。異文化の状況における能力は、仕事に対する満足感や個人的な幸福の度合いを測る重要な指標だと考えられる。

　類似の研究結果が、ハロルド・メイヤーソンとアンジェラ・メイヤーソンによって発表された。2人は、サンフランシスコにある国際就職斡旋会社インターナショナル・ワーク・エクスチェンジ社を共同経営してきたという経験を持っている。その経験によれば、異文化の面で有能な社員のほうが成功するという。単純に言うと、異文化コミュニケーションが今日の世界において人々に可能性を与えるのである。（文化背景の）違いの中に機会を見いだす従業員のほうが、問題解決能力や生産性が高い傾向にある。そうした人たちのコミュニケーション能力が、最終的に雰囲気のよい職場を生み、昇進の道を開くことができるのである。

[講義のスクリプト]

Professor:

　Intercultural communication is vital to good web design. Since culture often determines our gut reaction to what we experience, intercultural knowledge can be the hinge for success in this business. Many web developers and designers often use their own culture as a guide for the decisions they make. For websites with viewers from one language or culture, this is fine. For multinational clients, and increasingly for domestic web design in countries that host more than one culture, an intercultural framework is the way of the future.

　Cross cultural communication occurs in web advertising all the time. Good web design should be seamless in content. In order to appeal to viewers and avoid alienating potential customers, web designers need to be versed in intercultural communication. This is where the use of language plays a major role.

　What language your website is in will dictate most of its viewers' expectations. While any company cares about its brand image, the number of language mistakes seen in product names, websites, press releases, slogans, and ad copy are proof that there is room for improvement. For your first reaction paper, I'd like you to find examples where advertisers released something that was culturally incongruous. That will be due next class, so you don't have much time.

Next, I'd like to show you some slides of successful intercultural web design and advertising.

[講義の訳例]

　異文化コミュニケーションは、良質のウェブデザインにとって不可欠なものです。文化は、われわれが経験することに対する直感的な反応を決定する要素になることが多いため、このビジネスにおいては、異文化に関する知識が成功するかどうかを左右しうるのです。ウェブの開発者やデザイナーの多くは、しばしば自分自身の文化を物差しに物事を決めることがあります。ウェブサイトを見ている人たちが同じ言語や文化を持っているのであれば、これでかまいません。さまざまな国にいる顧客を相手にする場合、そして、増加中の複数の文化を抱える国々の国内向けウェブデザインを作成する場合には、異文化的な枠組みを構築することが今後取るべき方向です。

　ウェブ広告には常に異文化コミュニケーションが存在します。よいウェブデザインは内容に途切れがあってはいけません。見る人たちに訴えかけ、潜在的消費者の気持ちをそぐことがないようにするために、ウェブデザイナーは異文化コミュニケーションに精通している必要があります。ここでは、言葉の使い方が大事な役割を果たします。

　ウェブサイトがどのような言葉で書かれているかによって、見る人たちがそこに期待することがほぼ決まります。どんな会社でもブランドイメージを大事にしていますが、商品名、ウェブサイト、プレスリリース、スローガン、広告のコピーに見られる言葉の間違いの数（の多さ）が、改善の余地があることを物語っています。1回目の講義に関する感想文を書くにあたって、広告主が文化的に不適切なことを掲載している例を探してきてください。次回の授業が締切ですので、あまり時間はありません。

　次に、異文化にうまく対応しているウェブデザインや広告のスライドをいくつかお見せします。

[設問訳]

　講義のポイントを要約しなさい。その際、必ずリーディング・パッセージで提起されたポイントをどのように補強しているかを説明しなさい。

> **解答例**
>
> The lecture concentrates mainly on how web designers need to consider cultural differences in order to design appealing websites that will improve a company's brand and attract prospective customers. According to the passage, intercultural communication skills are among the most important criteria desired in the workplace today. Furthermore, it states that in order to raise job satisfaction and productivity, workers must be interculturally competent and aware. These criteria were brought up at the conference held in Hawaii.
>
> ① <u>The lecturer stresses the importance of intercultural communication in languages other than one's own. She asserts that websites created to suc-</u>

ceed in the designer's own cultural context may not succeed in luring foreign visitors. Therefore, she mentions the importance of acquiring intercultural knowledge of the audience the company is hoping to reach. ② To highlight problems associated with a lack of cultural understanding, the lecturer points to the many language mistakes on websites, slogans and press releases.

③ The lecturer also mentions that while domestic companies may not necessarily need strong intercultural communication skills, multinational corporations need to take care that they do not alienate potential international customers. Incongruent web designs that do not take cultural differences into account can harm a corporate image. ④ Therefore, the lecturer supports the idea of designers using cross-cultural concepts and training in order to design sites which appeal to a company's international clientele.

（220語程度）

[要約]

　講義では主に、ブランドのイメージアップを図り、顧客を獲得するような広告を作成するにはどうすべきかについて取り上げられています。パッセージでは、異文化コミュニケーションの重要性について述べられています。また、仕事での満足感や生産性を上げるには、異文化理解が不可欠だとも書かれています。
　教授は、外国語での異文化コミュニケーションの重要性を強調しています。デザイナー自身の文化背景しか持たないウェブサイトでは、外国人の顧客を獲得することはできません。ウェブサイトなどに間違った言葉が使われているのは、異文化理解が欠如している現れです。
　教授はまた、異文化を理解しない多国籍企業は外国の顧客を失い、企業イメージを傷つけると指摘しています。したがって、ウェブサイトのデザイナーは異文化に対して適切に対処すべきだと教授は言っています。

(解説と採点基準)

[出題パターン] 補完タイプ　[難易度] ★★（中レベル）

　この問題は、パッセージで述べられた観点を強めている講義内容について述べるという、強調・補完タイプの問題形式です。リーディング・パッセージは読みやすく、講義も聞きやすかったと思います。しかし、解答例を作るにあたり、問題点がありました。それは、異文化コミュニケーションの例示が少なく、また、講義もウェブデザインに特化していたからです。そのため、難易度は比較的高くなりました。

🖊 **Point 1**　パッセージの概要を述べる
　第1パラグラフで全体像を述べました。そして、パッセージの内容を要約するようにし

ます。また、ホノルルで開かれた学会で異文化コミュニケーションの能力が必要であることが確証されたことを述べました。このまとめにより1点が与えられます。

❹ Point 2　講義内容の重要なポイントを述べる

①では、設問に沿うように、strengthsの代わりにstressesを用いて、設問内容を理解していることを示しました。②では、より具体的な例示として言語ミスの多さを述べました。このことにより、採点者に「細かいところまで理解している」ことをアピールするのです。この講義内容の把握により、2～3点が与えられます。

❹ Point 3　全体の内容をまとめる

③と④では、全体の内容のまとめを行いました。③では多国籍企業における異文化コミュニケーションの重要性を国内だけの会社と比較しました。そして、④では、ウェブデザイナーが異文化に対する考えを持つ重要性を述べ、パッセージ内容を補強したのです。

なお、講義がもう少し多岐にわたった内容ならば、その内容を細かく述べるだけで高得点が望めます。しかし、先に述べたように、この講義は「短く、例示が少なかった」のです。テクニックとして、最後に全体をまとめることも高得点につながると考えてください。採点者次第ですが、この箇所で1点を獲得することができるでしょう。

Q2　Writing Task 2

[設問訳]
電子レンジとエアコンは、生活を便利で快適なものにした20世紀の発明です。このほかに、私たちの生活にとって大切だと思う発明を1つ挙げてください。具体的な理由と例を挙げて答えてください。

> **解答例**
>
> There <u>have been</u> many inventions in the 20th century that <u>have made</u> life more convenient and comfortable. Perhaps of all these items, the one that <u>has had</u> the most significant impact on our lives is the computer. When I first started using a computer a few years ago, I was amazed at how quickly and easily I could access information and people. Since that time, I <u>have come</u> to believe that the computer is the most important invention to both our personal and professional lives.
>
> The computer, although it is difficult for some people to get used to it, is a tool that can widen our world. ① <u>Allowing us to access the Internet, it offers all sorts of information and experiences, perhaps more than one would need in a whole lifetime.</u> Furthermore, with electronic mail rapidly taking the place of regular mail, the computer is allowing us to come

together with people from all over the world. Thanks to the computer, our lives have left the confines of our houses, our cities and our countries.

② Computers have also contributed greatly to the business field. They have made business move faster and become more accurate, affecting everything about the way we work. For instance, with mundane tasks involving data storage and manipulation, what once took many people and hundreds of hours to accomplish can now be completed with the push of a button. In fact, in many areas such as stock control, shipping, or even payroll, computers are pushing the buttons by themselves. As a result, people have more time to concentrate on matters more important to the well-being of their business.

In the future, I believe that our lives will be centered around, or even controlled by the computer. Computer technology is improving every day, giving us greater access to information and people, and more and more tasks are being handled by machines. I think this is a benefit to society, and I am looking forward to the day when we will have a more convenient life thanks to the computers that will take complete care of our lives. ③ There is no question that computers are the most important invention to affect our lives.

（360語程度）

[要約]

　20世紀には生活を便利で快適にするものが数多く発明されました。その中で私たちの生活に最も影響を与えたのは、コンピューターではないかと思います。初めてコンピューターを使ったとき、情報や人にアクセスする速さと簡便さに驚きました。それ以来、私生活でも仕事でもコンピューターが最高の発明だと思っています。

　使い方が難しいという人もいますが、コンピューターは私たちの世界を広げてくれます。インターネットでありとあらゆる情報を得ることができますし、メールを使えば世界中の人たちと連絡がとれます。

　また、ビジネスでも大いに役立っています。かつては大勢の人と多くの時間を必要としていた単純作業もボタンを押すだけでできます。実際にはこのボタンを押す作業すらもコンピューターがやってくれるので、人間はビジネスにとって重要なことだけに集中できるようになりました。

　将来は、コンピューターが生活の中心となるでしょう。コンピューターが生活のすべての世話を見てくれるような、便利な社会になる日を楽しみにしています。コンピューターが最高の発明品であることには疑いの余地はありません。

> 解説

　この解答例の素晴らしさは、一見自由に書いているようで、論理的一貫性を持たせていることです。本論は、2つに分かれて「一般論」と「ビジネス・シーン」での効果を述べています。

❷ Point 1　完了形などの使用方法が上手である

　序論のアンダーラインを引いた部分では、現在完了形をさりげなく上手に使用しています。採点者は序論を見ただけで、最高点をつけたくなるでしょう。また、①では分詞構文を上手に使っています。このことから2点獲得が可能です。

❷ Point 2　2つ目の本論でビジネス・シーンについて述べている

　コンピューターの最大の恩恵は、ビジネスでの活用でしょう。その点を②で要領よく述べています。まとめ方がよいので1点以上は加点されるでしょう。

❷ Point 3　一貫性のある結論のまとめ方

　結論では、将来にわたるコンピューターの貢献を期待する旨を書いています。そして、③でコンピューターの有用性が最大の発明であることを述べ、全体をまとめ上げています。この観点から、結論で1点以上が加点されると思われます。

模擬テスト3　解答例と解説

Q1　Writing Task 1

[パッセージの訳例]

　経済に対する酸性雨の驚異を過小評価してはいけない。環境保護庁が委託した報告書によると、pH値が4という低い数値を示した酸性雨が北東回廊線に降るという。酸性雨は1970年代から政治経済面での摩擦の原因となっている。硫黄と二酸化窒素の発生を、発電所、工場、自動車といった主要源から食い止めようと努力しているにもかかわらず、カナダ東部では深刻な問題に直面している。合同で取り組むべきだと認識したカナダとアメリカは、2002年に大気専門委員会を開いて、酸性雨問題緩和について話し合い、目標を設定した。多くの解決策が実行に移され、スケジュールが決められた。

　1998年の京都議定書以来、政府による一連の意欲的な取り組みが開始された。ケベック州とオンタリオ州は、それぞれ2010年と2015年までに(二酸化炭素の)排出を50％削減すると約束している。オンタリオ州は2007年までに発電所からのスモッグを減らすように求めている。電力部門が最新の目標を達成するように、排出削減量の取引という仕組みが取り入れられた。これは、経済的見地から遵守過程をより実現可能なものにする方法である。

　カナダ政府は酸性雨についての認識を高めるための教育キャンペーンを開始し、より環境にやさしいエネルギー源を奨励する法案を可決した。さらに、政府によるこの取り組みの目的は、酸性雨をその根源で規制し、拡散するのを抑えることにあった。政府内で新たに任命されたグループにより、エネルギーの管理、節約、基準に対するさらなる取り組みが模索されている。

　酸性化した湖が元の状態に戻りつつあるといった事実から、わずかながら希望が感じられる。33％の湖で酸性度が減少し、56％では変化がなく、11％では酸化がひどくなっている。期待されたように、当初の酸性雨の割合をほぼ酸性度のない状態にまで減らすことができた地域では魚や鳥の個体数が元に戻ったところもある。

[講義のスクリプト]

Professor:

　Acid — deposited by polluted rain, runoff, and snowmelt — does serious harm to organisms which live in and depend on bodies of water. The pH number, which stands for "potential hydrogen," measures how acidic or alkaline something is on a scale of 0 to 14. Safe drinking water ranges between a pH of 6 and 7. When the pH balance of lakes, rivers and streams becomes acidic, a nexus of irreversible problems emerges.

　Lake ecosystems have a very limited threshold for acidity. A slight acidic change can trigger a disruption of the food chain. A pH value of 6.0 is acidic enough to drive away insects but still bearable for amphibians and shellfish. If acidification progresses to a pH of 5, it becomes inhospitable to zooplankton, and fish exhibit weakened immune systems, decreased egg counts and stunted growth. In turn, this level of acidity promotes the growth of suffocating algae and other organisms that inhibit the former, more diverse ecosystem. If a body of water goes below pH 5, practically no fish survive. All that remain are slime, moss and algae.

According to the news, frog populations everywhere in the world are rapidly becoming extinct. Similarly, Norwegian and Alaskan salmon have dwindled because acidification occurs when ice melts during warm weather. A sudden influx of pollutants taints the water and presents a toxic shock to fish. Sport fish, such as trout, and culinary fish and shellfish are prized by humans. However, these species cannot survive even mildly acidic water. Ironically, the cars and boats we drive to reach a fishing destination contribute to spoil future catches.

To recap, as insects and zooplankton disappear, the food supply for other organisms becomes cut off. Lakes and streams that no longer support amphibians and shellfish cannot support fish, birds or mammals either. In the absence of amphibians and fish, birds and animals are pressured to find other sources of food. Now, that brings me to discuss ways we can reduce acid rain and offset its effects.

[講義の訳例]

汚染された雨、流出水、雪解け水に沈着した酸は、水域に生息し、そこに依存している生命体にとって、深刻な害をもたらしています。水素イオン指数の略であるpHの値は、ある物質がどのくらい酸性もしくはアルカリ性であるかを、0から14の範囲で測定するものです。飲料水として安全な値は、pH 6から7の間です。湖や河川のpHバランスが酸性になると、取り返しのつかない問題が連鎖的に発生します。

湖の生態系は酸性に対して非常に限られた閾値しか持ちません。酸性値がほんの少し変化しただけでも、食物連鎖の崩壊の引き金になりかねないのです。pH値が6になると、酸性が強いために昆虫がすめなくなりますが、両生類や貝類にとってはまだ耐えられるレベルです。pH値5まで酸性化が進むと、動物性プランクトンにとって生息しづらい環境になり、魚は免疫力が低下し、卵の数が減り、成長が止まります。それに代わって、このレベルの酸性度は（水にすむ動植物を）窒息させ、かつての多様な生態系にとって妨げとなる藻などの生命体の成長を促進します。pH値が5未満になった水域では、ほとんど魚は生き延びることはできません。残るのは軟泥、コケ、藻類だけです。

ニュースによれば、世界のあらゆる場所でカエルの個体群が急激に絶滅しているそうです。同様に、ノルウェーやアラスカのサケも、暖かい気候の時期に氷が溶けて酸性化が起きるために、段々その数が少なくなってきています。汚染物質が突然流入することで、水質が悪化し、魚に毒素ショックを与えます。マスのような釣りの対象となる魚や料理用の魚介類は人間に捕獲されます。しかし、こうした種は弱酸性の水の中であっても生き延びることができません。皮肉なことに、釣りの目的地へ行くために私たちが運転する車やボートが、将来魚が釣れなくなる原因となっているのです。

要約するとこういうことになります。昆虫や動物性プランクトンがいなくなると、ほかの生命体への食料供給が絶たれます。両生類や貝類が生きていけない湖や河川には、魚、鳥、ほ乳類も生息できません。両生類や魚がいないと、鳥や動物はほかの食料源を求めざるをえません。さて、そうした状況を踏まえて、われわれが酸性雨を減少させ、その影響を軽減する方法を論じたいと考えます。

[設問訳]

リーディング・パッセージのポイントを要約しなさい。その際、必ず講義で取り上げられた問題にどのように答えているかを説明しなさい。

> 解答例

① According to the passage, many governments are trying to reduce acid rain, which causes bodies of water to become acidic and harms the environment. The EPA reported that rain with a pH level of 4 falls regularly in northeastern areas. Because of this serious environmental problem, the Canadian and U.S. governments have met and discussed the issue. Furthermore, the Kyoto Protocol prompted the reduction of gas emissions all over the world.

② <u>The lecturer states the negative effects of acid rain on water systems such as lakes and rivers. Low pH levels in many places have caused massive destruction of fish, frog and zooplankton populations, resulting in devastation of the food chain.</u> As examples, he mentions the low numbers of salmon, frog and even sport fish such as trout. ③ <u>Damage caused by high acidity is not limited to rain itself. When ice and snow melt, the influx of polluted water also causes acid levels in lake water to rise.</u>

④ <u>In addition to governmental efforts, the passage mentions that educational efforts are also needed to raise awareness of this serious problem.</u> Also, the conversion of current energy sources to greener methods is being explored. ⑤ <u>However, once an area is heavily polluted, there is only a slim chance of it recovering.</u>

（210語程度）

[要約]

　パッセージには、多くの政府が酸性雨を減らそうと努力していると書かれています。北東回廊線にはpH値4の酸性雨が降るという報告がありました。カナダ政府とアメリカ政府がこうした問題について話し合い、また、京都議定書では排ガス規制を促しています。

　教授は、水域での生態系に対する悪影響について述べています。pH値が低いために、魚などが被害を受け、その結果、食物連鎖が破綻しています。氷となった酸性雨が解け、汚染された水が湖に流れ込むことで酸性度が高くなるという影響も出ています。

　パッセージでは、政府の取り組みだけでなく、この問題に対する意識を高める教育、また、より環境にやさしいエネルギー源への転換についても述べられています。しかし、いったん汚染された地域が元通りになるのは非常にまれなことです。

解説と採点基準

[出題パターン] 解答タイプ [難易度] ★（低レベル）

非常に書きやすい内容です。難易度を低いものと見なした点は、パッセージのほうに解答があるからです。パッセージには酸性雨の問題や京都議定書の話も含まれています。ただし、この問題で注意してほしいところは、設問文の解釈です。講義で提示した問題点に対して、パッセージに書かれてある解決策を述べなさい、という内容です。一般的にはその逆が多いのですが、この点を取り違えないよう注意しなければなりません。

❶ Point 1　設問に沿ってパッセージの概略を述べる

①では、パッセージの概要をこれから述べる、という助走を行っています。第1パラグラフ全体であらかじめパッセージの概要を述べています。また、パッセージで示した解決策への道筋をパラフレーズしています。この段階で、1〜2点となります。

❶ Point 2　講義内容を述べる

講義内容について述べます。多くの内容が講義に含まれていますので、書こうと思えばいくらでも書けるでしょう。②は重要なところです。食物連鎖に触れています。これは1点に値するでしょう。さらに、③で雪解け水（氷が溶けたもの）の例示をしていますから、採点者は、この書き手が細かいところまで聞き取れていることを理解します。講義内容を深く理解していると考えて、②と③で2点程度の加点となります。

❶ Point 3　より深い解決策を述べる

④では、一段階進んだ解決策を提示しました。続くセンテンスでは、より環境にやさしいエネルギー源への転換を述べています。そのことにより、設問により深く答えているのです。⑤では、リーディング・パッセージの第4パラグラフを簡潔にパラフレーズしました。不要かもしれないと思ったのですが、講義内容とも重なるため、あえて触れたのです。この最終パラグラフで能力の高さを示しました。1点が加点されるでしょう。

Q2　Writing Task 2

[設問訳]

別の時代に別の場所で生きることができるとしたら、どの場所、どの時代を選びますか。具体的な理由を挙げて答えてください。

解答例

We can only dream or imagine what it would be like to live in another time and place, but it can often be determined by some of our experiences. It is certainly so for me. I would like to live in Hawaii, and, as for time, I guess that I would have to begin in my own childhood and remain there for life.

Hawaii was not a difficult choice as the place I would like to live. ① <u>I have very fond memories of traveling in Hawaii with my family. I clearly remember the beauty of the beaches and the colorful and friendly fish we swam among.</u> I was deeply impressed by this experience and thought at the time how much I would like to live in Hawaii. I have a great love of the sea and feel a tremendous calmness and peace when gazing at that immense body of water. From a more mature perspective, I can see that Hawaii offers not only great beauty and would meet my requirement of living by the sea, but also offers a style of life free from many of the stresses we feel nowadays. It strikes me as a healthy place in which to live. It also offers a pleasing mix of cultures. I think that I could live quite happily in Hawaii.

The question asks not only the place but also the time I would wish to live in. This poses more of a problem for me. ② <u>Given that Hawaii has emerged as a modern society in rather recent history, I think I can say that I would like to begin with my own childhood nearly twenty years ago.</u> I would choose to be born there to fully enjoy the pristine beauty and lack of stress from my earliest days. I could then fully grow up in a healthy environment with skills in marine sports and knowledge of the ocean and many different cultures - Asian, Polynesian and American for example. ③ <u>I would choose to spend my entire life there, as I can think of no better place to grow old.</u>

I wouldn't be at all surprised if many of my compatriots who live in crowded, polluted cities and live stressful lives share my wish to have been born in the calm and peaceful islands of Hawaii and to spend my life enjoying the beauty of the sea.

(390語程度)

[要約]

　ほかの時代にほかの場所で生きるというのは夢や想像の世界でしかありませんが、私の場合は、自分の経験に基づくものです。場所はハワイ、時代は子どものころから始まり、生涯を通して過ごしたいと思います。

　ハワイ旅行にはとてもいい思い出があります。美しい海と一緒に泳いだ魚のことは今でもはっきりと覚えています。あまりに印象がよかったので、住みたいと思ったぐらいです。私は海が大好きで、大海原を見ていると安らぎを覚えます。それだけではなく、もっと大人の見方をすれば、ハワイで生活をすれば、日ごろ感じているストレスの多くがなくなり、健康的な人生が送れるでしょう。

場所だけでなく、時代についても質問されましたが、私にとってはこちらのほうが問題です。ハワイは現代社会となってまだ日が浅いので、約20年前の子どもの時代からそこにいられればと思います。ハワイに生まれて手つかずの自然を楽しみ、マリンスポーツをしたり、いろいろな文化に触れたりしながら、健康的な環境で成長していけます。また、ハワイ以外に年齢を重ねるのによい地は思い浮かびません。

　人口が多く、汚染された都市でストレスの多い生活を送っている仲間が、私と同じようにハワイで静かに暮らしたいと言ったとしても、それは当然のことだと思います。

解説

　この解答例を読むと癒やされます。非常に難易度の高い設問に対して、優しく、そして、情感を込めて書いています。語法の多様性のみならず、高い文章作成能力が示されています。

❶ Point 1　設問に的確に答える
　①と②でハワイという場所と、子どものときから育ちたいというあこがれを述べています。採点者の観点では「すごくよい思い出がある」と判断できるでしょう。2点以上の得点が与えられます。

❶ Point 2　将来にわたって過ごしたいと述べている
　好きな場所であれば、一生そこで過ごしたいでしょう。③では、最上級の選定と考えていることがわかります。また、このセンテンスのcan think of no better place toというフレーズが文章力の高さを示しています。この1文だけでも1点の加点対象となるでしょう。

❶ Point 3　結論で現在の環境を述べている
　結論では、現在の住環境が大都市であることがはっきり理解できるでしょう。最後に現在の環境を述べるテクニックは、非常に高い文章作成能力がなければ使えません。流れがある素晴らしい文章のひと言に尽きます。満点以外はあり得ません。

Chapter 7

Useful Expressions
ライティングに役立つ表現集

- 198 Task 1 統合型問題に活用できる語句
- 205 Task 2 独立型問題に活用できる語句

Task 1
統合型問題に活用できる語句

動 詞 編

1. address　　（問題などを）扱う、取り組む

While the reading <u>addresses</u> the problem of need for a program, the lecturer provides ideas for programs to meet the stated need.
リーディング・パッセージでは計画の必要性といった問題に触れていますが、講師は明らかになっている必要性を満たすような計画について提案しています。

Various problems are <u>addressed</u> in the reading.
リーディング・パッセージではさまざまな問題が取り上げられています。

2. assert　　断言する、強く主張する

The lecturer <u>asserts</u> that the cause of the problem is not so much government action as inaction.
講師は、その問題の原因は政府による措置というよりも、何も措置をとらないことだと主張しています。

[名詞：assertion]

The lecturer challenges the <u>assertion</u> of the reading that the central government is responsible.
講師は、中央政府に責任があるとするリーディング・パッセージの主張に異論を唱えています。

3. assume　　～と仮定する、推測する、思いこむ

The reading <u>assumes</u> that all companies act in much the same way.
リーディング・パッセージでは、すべての企業がほとんど同じ行動をとると仮定しています。

[名詞：assumption]

The <u>assumption</u> that all societies share this value is challenged in the lecture.
すべての社会がこうした価値を共有しているとする仮定に対して、講義では異論が唱えられています。

4. challenge　　～に異議を申し立てる、～を疑う

The lecturer <u>challenges</u> the claim of the reading that the situation is critical.
講師は、現状を危機的だとするリーディング・パッセージの主張に異議を唱えています。

The reading's claim that the world is facing a crisis is <u>challenged</u> by the lecturer.
世界が危機に面しているというリーディング・パッセージの主張に対して、講師は異議を唱えています。

5. cite 〜を引用する、引き合いに出す

Both the reading and lecture <u>cite</u> many studies which show that global warming is a real and present problem.
リーディング・パッセージでも講義でも、地球温暖化が実際に起きている問題だと示す多くの研究を引き合いに出しています。

6. contend 強く主張する

The lecturer <u>contends</u> that the problems raised in the reading will be solved by international cooperation.
講師は、リーディング・パッセージで提起された問題は国際協調によって解決される、と強く主張しています。

[名詞：contention]

It is the <u>contention</u> of the reading that international cooperation is all that is required to solve the problem.
国際協調がその問題を解決するために必要なことのすべてであるというのが、リーディング・パッセージの主張です。

7. contest 〜に異議を唱える

The studies cited by the lecturer <u>contest</u> the information presented in the reading.
講師が引用した研究は、リーディング・パッセージで述べられている情報に疑義を差し挟むものです。

The claims of the reading are <u>contested</u> by the lecturer.
リーディング・パッセージの主張は、講師によって異議を唱えられました。

8. declare 言明する、宣言する

The lecturer <u>declares</u> her support for the main points of the reading.
講師は、リーディング・パッセージの要点に賛成だと言明しています。

9. demonstrate 論証する、明らかにする

The lecturer <u>demonstrates</u> the importance of a grass roots movement.
講師は、草の根運動の重要性を論証しています。

10. dispute 〜に異議を唱える

The lecturer <u>disputes</u> the data presented in the reading citing many studies that show the opposite results.
講師は、多くの研究を引用したリーディング・パッセージに書かれているデータは、逆の結果を示すものだと反論しています。

11. examine　～を分析する、研究する

The reading examines the results of pollution while the lecturer examines the causes.
リーディング・パッセージでは公害のもたらす結果を分析していますが、講師は公害の原因を分析しています。

The various changes in policy are examined in the reading.
さまざまな政策変更がリーディング・パッセージで分析されています。

12. express　述べる

In his/her talk the professor expresses the view that economic development depends on political stability.
講義の中で講師は、経済発展は政治的安定の度合いに左右されると述べています。

13. grant　（～だと）認める、許可する

While the lecturer grants that central government action is important, she/he maintains that local governments must take the lead.
講師は中央政府の行動が重要であることは認めていますが、主導権は地方政府が握るべきだと主張しています。

14. hold the view　～だと考える

The lecturer holds the view that the present law is sufficient.
講師は、現行の法律で十分だという見方をしています。

Clearly, the view held by the lecturer directly challenges the reading.
明らかに、講師の考え方はリーディング・パッセージに書かれていることに直接異論を唱えるものです。

15. look at　考察する、考える

While the reading looks at the positive aspects, the lecturer's examples illustrate the negative aspects, and therefore, the opposite point of view.
リーディング・パッセージでは肯定的な側面に目を向けていますが、講師が挙げた例は否定的な側面、つまり、逆の視点を説明するものです。

16. maintain　～だと主張する

Both the reading and the lecture maintain that new technologies are the future of economic development.
リーディング・パッセージも講義内容も、新しい技術が経済発展の未来をつくり出すものだと主張しています。

17. mention　　〜について述べる、〜に言及する
The lecturer mentions that there are conflicting theories that must be taken into account.
講師は、考慮すべき相反する学説があると述べています。

18. note　　〜を指摘する、意味する
The lecturer notes that many studies support the findings presented in the reading.
講師は、多くの研究がリーディング・パッセージに書かれている発見（調査結果）を立証していると指摘しています。

It is clearly noted in the reading that no action has been taken by the authorities to address the problem.
その問題に対しては当局によって何の行動もとられなかったことが、リーディング・パッセージではっきりと指摘されています。

19. present　　〜を提示する、提起する
The lecturer presents data which supports the thesis of the reading.
講師は、リーディング・パッセージの論調を裏づけるデータを提示しています。

20. question　　〜に疑問を呈する、異議を申し立てる
The lecturer specifically questions the main point of the reading and presents opposing arguments.
講師は、リーディング・パッセージの要点に対して具体的に疑問を呈し、反対論を展開しています。

21. recognize　　〜を認める、受け入れる
Although the lecturer recognizes that high-tech solutions play an important role, she/he emphasizes more low-tech, traditional approaches.
ハイテク技術による解決方法が重要な役割を果たしていると認めるものの、講師はローテクで従来の方法のほうを重要視しています。

22. refer　　（〜に）言及する
The reading refers to a large body of research.
リーディング・パッセージでは広範囲にわたる一連の研究に言及しています。

　　［名詞：reference］

There is little reference to the issue of responsibility in the lecture.
講義では、責任の問題についてはほとんど触れられていません。

23. regard A as B　AとBと見なす
The reading <u>regards</u> education <u>as</u> the key to solving the problem.
リーディング・パッセージでは、その問題を解決する鍵は教育であると見なしています。

24. speak　　　話す、講演する
The lecturer <u>speaks</u> about the laws regulating international trade.
講師は、国際貿易を規制する法律について話しています。

25. state　　　はっきりと言う
The lecturer <u>states</u> her opposition to the views expressed in the reading.
講師は、リーディング・パッセージに書かれた見方に対する反対意見を述べています。

26. talk　　　話す、論じる
The lecturer <u>talks</u> about the various theories but contends that only one is viable.
講師はさまざまな学説について話していますが、実行可能なのはたった1つだけだと主張しています。

名詞編

1. emphasis on　強調、重要性
The emphasis in the lecture was on the differences in society, while the reading looked at American society as a single entity.

講義で強調されていたのは社会の中における差異のことでしたが、リーディング・パッセージではアメリカ社会を単体として捉えていました。

2. idea　見解、構想
The main idea of the lecture was that children learn in many different ways.

講義の主な考えは、子どもたちの学習方法にはいろいろあるというものでした。

3. issue　論点、争点、問題点
The largest issue of contention between the lecture and the reading is identifying the cause of the problem.

講義とリーディング・パッセージの間での最大の争点は、問題の原因の特定です。

Lack of proof was a very big issue in the lecture.

証拠不足が、講義での非常に大きな問題でした。

4. notion　概念、意見
The lecture supports the notion of international cooperation in this matter.

講義では、この問題における国際協調の概念を支持しています。

5. point　論点、重点
The lecture challenges the reading on several points.

講義では、いくつかの点においてリーディング・パッセージに異論を唱えています。

6. subject　主題
The subject of the lecture was how the death penalty affects the crime rate.

講義の主題は、死刑制度がいかに犯罪率に影響するかというものでした。

7. thesis　主張、命題
The lecture challenges the thesis of the reading in several ways.

講義では、リーディング・パッセージの主張に対して、いくつかの点で反論しています。

形容詞編

1. clearly　　はっきりと、明らかに
The lecturer clearly supports the reading in a number of ways.

講師は、多くの点でリーディング・パッセージに書かれていることをはっきりと支持しています。

2. completely　　完全に、まったく、徹底的に
The lecturer holds a completely different view than that expressed in the reading.

講師は、リーディング・パッセージで述べられている意見とはまったく異なる考えを持っています。

3. particularly　　特に、とりわけ
The lecturer disagrees with the reading, particularly with regard to the causes of the problem.

講師は、特に問題の原因について、リーディング・パッセージとは異なる意見を持っています。

Task 2
独立型問題に活用できる語句

> 動 詞 編

1. admit　　〜を認める
部分的に同意を表しながらも反対意見を述べるときに使う。データを使い１つだけの結果・結論を示すときに使う。

I admit that studying a foreign language is useful but I do not think that all students should be required to study a foreign language.
外国語を学ぶのは有益だとは認めますが、すべての学生が外国語を勉強することを求められるべきではないと思います。

2. advise　　忠告する、助言する、勧める
結論や何かを提案するときに使う。能動態、受動態両方に使われる。形容詞はadvisable。

I would advise people traveling to that area to read up on the local customs.
私なら、その地域に旅行へ出かける人には、土地の風習を調べることを勧めます。

Students are advised to select their course of study carefully.
学生は慎重に教科課程を選択したほうがいいでしょう。

　　［形容詞：advisable］

Therefore, I think it advisable to...
よって、〜したほうがいいと思います。

3. advocate　　（主義などを）主張する、弁護する
意見を述べるときや、解決（案）を企てたり解決（案）に同意したりするときに使う。

I strongly advocate the use of the death penalty.
私は死刑の行使を強く支持します。

Although I agree in principal, I do not advocate the banning of all such advertising.
原則としては賛成ですが、そうした広告をすべて禁止することには同意しません。

4.　affect　　〜に影響を及ぼす
結果を示すときや意見を支持するときなどに使う。能動態、受動態両方に使われる。

This will seriously affect elderly people.
このことは高齢者に深刻な影響を与えるでしょう。

The elderly will be the most seriously affected by the change in policy.
高齢者が、その政策変更によって最も深刻な影響を受けるでしょう。

5.　agree / disagree　　意見が一致する、同意する／反対する
修正された意見を述べる際に使われることが多い。... toではなく、... withで使われる。

I entirely agree with that opinion.
私はその意見に全面的に賛成です。

I cannot disagree with those who say...
私は〜と言う人には反対できません。

I strongly disagree with those who say...
私は〜と言う人には強く反対します。

6.　allow　　許可する
意見を示すときや統計の解釈に使う。

I could not allow my child to go on a trip without being accompanied by a responsible adult.
私だったら、信頼のおける大人の同伴なしには自分の子どもを旅行へ行かせることはできません。

The statistics are so seemingly inconclusive as to allow various interpretations.
その統計は決定的な要素に欠けているように思われますので、さまざまな解釈が可能です。

7.　appear　　〜のようだ、出現する、見えてくる、生じる
データの分析や解釈に使われる。

Women appear to spend more time on childcare than men.
男性より女性のほうが子育てに時間を費やしているようです。

8. argue　　　議論する、反論する

能動態、受動態両方に使われる。名詞はargument。

I do not argue for the total abolishment of TV advertising for alcohol, but for a restriction as to time and content.
私はアルコール飲料のテレビコマーシャルを全面的に廃止せよとは主張しませんが、時間帯と内容は制限すべきだと思います。

It is often argued that girls' sports teams deserve as much support as the boys' teams.
女子スポーツチームも男子のチームと同じぐらいの支持を得る価値があるという主張が頻繁に聞かれます。

　　　[名詞：argument]

A good argument can also be made for...
〜についても十分な理由があるといえます。

9. believe　　　信じる、強く思う

意見を述べる。名詞はbelief。

I believe it is better to get a job as soon as one graduates from school.
学校を出たらすぐに仕事に就くほうがいいと思います。

It was believed to be true but later proven false.
それは事実だと信じられていましたが、あとになって間違いだとわかりました。

　　　[名詞：belief]

It is my firm belief that this course of action is the best.
この一連の措置は最善のものであると私は堅く信じます。

10. cause　　　〜を引き起こす、〜の原因となる

議論や表などの問題に使うと便利。名詞もcause。

This may be caused, in part, by uncertainty about the economy.
これは、ある程度、景気に対する先行きの不安が原因で起こることなのかもしれません。

One of the main causes may be uncertainty about the economy.
主な原因の1つは景気に対する先行きの不安かもしれません。

11. claim　　　主張する
序論などで使うと便利。

Some people claim that there is no substitute for experience.
経験に代わるものはないと主張する人もいます。

I do not claim to be an expert on this matter, but through my experiences I have found that...
私はこの件に関して専門家であるとはいいませんが、経験上、〜ということがわかっています。

12. come (to)　　（ある状態に）達する、至る
become ...「〜になる」と混乱しないように注意。

Many people have come to believe that this is the best way.
これが一番よい方法だと多くの人たちが思うようになりました。

13. consider　　（物事）をよく考える、
　　　　　　　　　〜を熟慮する、（提案など）を研究する
結論を述べるのに便利。能動態、受動態両方に使われる。

I consider the breakdown of communication is one of the primary causes of the problem.
コミュニケーションの断絶が、その問題の主な原因の1つだと私は考えます。

The situation is considered grave.
状況は深刻だと考えられています。

14. contribute (to)　〜に貢献する、〜に助言を与える
問題を提起して、例を挙げるときに使う。

The poor economic outlook contributes to the despair of the people.
景気の見通しが暗いことが、人々の絶望感の一因になっています。

15. differ (from)　（〜と）異なる、（〜に関して）違う
対比を示すときや意見を述べるときなどに使う。

My opinion differs little from the statement.
私の意見はその発言とほとんど変わりません。

Surprisingly, the problems associated with new technology <u>differ</u> little <u>from</u> those of the old.
驚いたことに、新しい技術に関連した問題は、古い技術における問題とほとんど変わりません。

16. discuss　　〜について論じる、討論（議論）する、話し合う

話題を定義したり制限したりするのに使う。序論でよく使われる。名詞はdiscussion。

When we <u>discuss</u> the differences...
その相違点を検討すると〜。

　　［名詞：discussion］
Any <u>discussion</u> of this question must include a look at...
この問題を議論する際には必ず〜に目を向ける必要があります。

17. expect　　予期する、期待する、
　　　　　　　物事がどうなるかを期待して〜と思う

Given that the number has steadily risen, we can <u>expect</u> the percentage to reach nearly 90 by next year.
数値が着実に伸びていることを考えると、来年にはその割合が90％近くに達すると予想されます。

I think that this drop in prices was not <u>expected</u>.
価格がこれほど下落するとは予想されていなかったことだと思います。

18. find　　見つける、見つけ出す、わかる、〜がある（いる）、得る

解釈や予言（予報）などに使う。支持するときに使う。表やチャートなどの分析に使う。

We can <u>find</u> many examples of this.
このことに関する数多くの例があります。

We can <u>find</u> from the chart that there has been no significant increase.
チャートから、これまでに顕著な増加はまったくなかったことがわかります。

19. go up　　　　上がる、登る
しばしば数字で使われる。

If the percentage continues to go up, we must reconsider the present course of action.
その比率が上がり続けるのであれば、現在の行動方針を考え直さなくてはいけません。

20. had better　　～するほうがよい、～しなければならない
しばしば結論に使われる。

We had better plan well for our retirement.
定年退職後の生活については、きちんとした計画を立てなくてはなりません。

21. hope　　　　～を望む、～であることを望む、～したいと思う
しばしば結論に使われる。

Therefore, I hope that more people will...
したがって、より多くの人たちが～することを望みます。

22. ignore　　　　～を無視する
否定文に使われることが多い。能動態、受動態両方に使われる。

We must not ignore the serious problems associated with...
～に関した重大な問題を無視してはいけません。

The data showing a severe decline in reading ability cannot be ignored.
読解力が著しく落ちていることを示すデータを無視するわけにはいきません。

23. illustrate　　（実例、比較で）～を説明する、例証する
支持したり、例を挙げたりするときに使う。名詞はillustration。

The rise in drug use among teenagers illustrates the problem.
ティーンエイジャー間で麻薬の使用が増えていることが、この問題を例証しています。

The seriousness of the situation can best be illustrated by the drastic decline in the birthrate.
現状の深刻さを最もわかりやすく示しているのは、出生率の急激な下落という現象です。

[名詞：illustration]

A good <u>illustration</u> of this is the increase in international trade.
このいい例が国際貿易の増加です。

24. include　　　〜を含む

支持したり、例を挙げたりするときに使う。

A good program <u>includes</u> the following...
よいプログラムには、次のような〜が盛り込まれています。

I would <u>include</u> having a good time and learning something new among my reasons for...
私なら、〜に対する理由として、楽しむことと新しい事柄を学ぶことを挙げます。

25. indicate　　〜を示す、指摘する

数値などの問題に使うと便利。

The data <u>indicate</u> that the trend is toward marrying at a later age.
そのデータは結婚年齢が高くなっている傾向を示しています。

26. make a difference　　相違を生じる

It will likely <u>make a</u> big <u>difference</u> in the way cancer patients are treated.
おそらく、それががん患者が治療を受ける方法に大きな変化をもたらすでしょう。

27.　mean　　　意味する、指して言う、つもりである、重要な意味を持つ、結果を引き起こす

解釈や説明に使う。

The higher number <u>means</u> that this is becoming popular.
その数字が増えたことは、これが広まってきていることを意味します。

This does not <u>mean</u> that it is impossible, only that it may be very difficult.
これは、それが不可能であるという意味ではなく、非常に難しいであろうと言っているだけです。

28. outweigh　　～より重要である
対比、程度を示し、しばしば結論で意見を述べるときに使う。

The advantages <u>outweigh</u> the disadvantages by far.
メリットのほうがデメリットをはるかに上回ります。

29. overlook　　～を見落とす
否定文に使われることが多い。能動態、受動態両方に使われる。

We should not <u>overlook</u> how commercials affect our spending habits.
コマーシャルがいかにわれわれの消費性向に影響を与えているかを見落としてはいけません。

30. prefer　　（～より）～のほうを好む
選択を要求されたときに使う。能動態、受動態両方に使われる。

I <u>prefer</u> city living <u>to</u> living in the countryside.
私は田舎で暮らすより都会で暮らすほうが好きです。

Although country living is <u>preferred</u> by many, I would choose to live in the city.
多くの人たちが田舎暮らしを好みますが、私だったら都会での暮らしを選びます。

31. recommend　推薦する、勧める
提案するときにも使う。形容詞はrecommendable。

Many people <u>recommend</u> buying a new car rather than a used one.
多くの人が中古車よりも新車を購入することを勧めます。

I strongly <u>recommend</u> using an English-only dictionary.
英英辞書を使うことを強くお勧めします。

　［形容詞：recommendable］
Although it has been tried elsewhere, I think this is not a <u>recommendable</u> approach for my country.
ほかの国ではすでに試されてはいますが、これは私の国では勧められない方法です。

32. seem (to)　　～のようだ、～らしい
実際に目に見えるものではなく、情報を解釈したり統計から情報を得たときなどに使われる。

The statistics do not <u>seem to</u> support a favorable conclusion.
その統計はどうやら好ましい結論の根拠とはならないようです。

33. suggest　　提案する、暗示する
The data <u>suggests</u> that North Americans are more likely to...
データによると、北米人は～したがる傾向にあるようです。

34. support　　支持する、支える、養う
I wholly <u>support</u> that opinion.
私は全面的にその意見を支持します。

I would not <u>support</u> any program that did not include some choices.
いくつかの選択肢がないようなプログラムには到底賛成できません。

The number indicated on the chart <u>supports</u> the statement that more young people are seeking part-time work.
そのチャートに記された数字は、パートタイムの仕事を探している若者が増えているという説明の裏付けになっています。

35. tend to...　　～する傾向がある、～しがちである
People who live in cities <u>tend to</u> be less friendly.
都会に住む人のほうが友好的ではないという傾向があります。

I <u>tend to</u> agree with that opinion.
どちらかというと、私はその意見に賛成です。

> 名詞編

1. advantage / disadvantage　有利な点、強み／欠点、弱み
There are many <u>advantages</u> to taking this approach.
この方法をとることには、多くの利点があります。

One of the biggest <u>disadvantages</u> to this way is...
この方法にとって最大の欠点の1つは〜です。

2. alternative　代わりになるもの
There may be <u>alternatives</u>, but I think that this approach is the most effective one.
ほかの方法もあるでしょうが、私はこの方法が最も効果的なものだと思います。

3. approach　（問題などの）取り組み方、方法
I agree with this <u>approach</u> to the problem.
その問題に対しては、この方法をとることに賛成です。

4. benefit　利益、〜のため
There are a number of <u>benefits</u> to this approach.
この方法には、多くの利点があります。

5. case　場合、事情、事例、実情
A good <u>case</u> can be made for supporting extracurricular activities.
課外活動に賛成する論拠を挙げることができます。

6. consequence　（必然的な）結果、当然の成り行き
There are serious <u>consequences</u> to taking this approach which must be carefully weighed.
慎重に検討すべきこの方法をとった場合には、深刻な影響があります。

7. effect　（原因に対する）結果
affect（影響を及ぼす）と混同しないように。

Television has had a profound <u>effect</u> on society.
テレビは社会に大きな影響を与えてきました。

8. factor　（事件などの）要因、要素

There are several important <u>factors</u> that we must consider.

われわれが考えなくてはならない重要な要素がいくつかあります。

9. objection　（物事に対する）反対、意義、不服

I have several <u>objections</u> to this argument.

この主張に対しては、いくつかの点で異論があります。

10. opinion　意見、考え、見解

It is my <u>opinion</u> that we can solve the problem by...

〜によってその問題を解決できるというのが私の意見です。

11. standpoint　立場、見地、観点

From my <u>standpoint</u>, this would not work for a number of reasons.

私が考えるに、多くの理由でこれはうまく機能しないでしょう。

12. view　見方、視界、目的

I share the <u>view</u> of those who think that...

〜と考える人たちと同意見です。

形容詞編

1. beneficial / harmful　（物事が）（～に）有益な、有利な／（～に対して）有害な

I think that learning a foreign language is highly beneficial.
外国語を学ぶことはとても有益なことだと考えます。

Because alcohol use among teenagers is recognized as harmful, vending machines which dispense alcoholic beverages should be banned.
ティーンエイジャーの飲酒は有害であることが認められているので、アルコール飲料の自動販売機は廃止すべきです。

2. chief　（重要度が）最高の、主要な

My chief reason for supporting the argument is...
私がその主張を支持する主な理由は～です。

3. convincing　説得力ある、納得させる、もっともらしい

A convincing argument can be made for banning smoking in all public buildings.
公共の建物を全面禁煙とするには説得力のある主張を展開することができます。

4. crucial　（～にとって）決定的な、重大な

A crucial factor in this solution is ...
この解決策における重大な要素は～です。

5. deciding　決定的な、はっきりさせる

The deciding factor in my drawing this conclusion was...
私がこうした結論を導いた決定的な要因は～でした。

6. effective　効果的な、効き目のある

I think this is the most effective means of communication in our age.
私たちの年代ではこれが最も効果的なコミュニケーションの手段だと思います。

7. essential　絶対的な、必須の

It is an essential element of any good plan.
それは、いかなるよい計画においても含まれるべき絶対的な要素です。

8. ideal　理想的な、完ぺきな

I think that this is an ideal example of...
これは～の理想的な例だと思います。

9. imperative　　緊急の、絶対に必要な

It is <u>imperative</u> that we act quickly.

われわれはすばやく行動しなくてはなりません。

[注意]
it is... that... の構文で要求や提案を示す場合は、that以下の節に動詞の原形をともなう。ほかの例を見てみよう。
It is <u>important</u> that he <u>be</u> more moderate.
imperative、importantのほかにも、essential、inevitable、desirableなどは、同様に動詞の原形を用いてください。

10. main　　主な、重要な

The <u>main</u> reason why I agree with this argument is...

私がこの主張に同意する主な理由は〜です。

11. necessary　　必要な、(〜に)なくてはならない

Higher education is <u>necessary</u> for obtaining a good job in my country.

私の国では、いい仕事を得るには高等教育が必要です。

12. preferable　　(より)むしろ望ましい、好ましい

It may be <u>preferable</u> to ban smoking in public places, but it may not be enforceable.

公共の場は禁煙にすることが望ましいのでしょうが、それは強制されるべきではないと思われます。

13. principal　　重要な、主な、第一の

My <u>principal</u> reason for objecting to this proposal is....

私がこの提案に反対する主な理由は〜です。

14. significant　　かなりの、重要な、重大な、著しい

A <u>significant</u> number of people...

かなり多くの人たちが〜。

15. valid　　妥当な、正当な、根拠のある

Although a <u>valid</u> case can be made in support of this argument, an equally <u>valid</u> case can be made which refutes it.

この主張を支持する妥当な理由を挙げることができますが、それに反対する同じくらい妥当な理由を挙げることもできます。

副詞編

1. admittedly　明らかに、一般的に認められているように、確か

<u>Admittedly</u>, this seems like a reasonable point of view, but I think (that) the facts support the opposite view.

確かにこれは筋の通った見方のようですが、事実は反対の意見を裏付けていると思います。

2. certainly　確かに、必ず

It is <u>certainly</u> reasonable to conclude that...

〜と結論付けるのが間違いなく筋が通った考え方です。

3. consequently　結果として、したがって、それゆえに

The number of children is declining, <u>consequently</u> many schools face closure.

子どもの数が減少しており、その結果、多くの学校が閉鎖の危機に直面しています。

4. especially　特に、とりわけ、際だって、特別に

This is <u>especially</u> true for elderly people in my country.

これは特に、私の国の高齢者にいえることです。

5. extremely　非常に、極端に、大いに

It is <u>extremely</u> important to remember that...

〜ということを覚えておくのがきわめて重要です。

6. frequently　しばしば、頻繁に

It is <u>frequently</u> said that...

〜ということがよくいわれます。

7. generally　通例、たいてい、広く、一般に、概して

It is <u>generally</u> thought that...

一般的に〜と考えられています。

8. happily　幸福そうに、楽しく、愉快に、幸運なことに

<u>Happily</u>, there is an obvious and not too costly solution.

幸いなことに、明らかであり、さほど費用がかからない解決方法があります。

9. increasingly　ますます、いよいよ

It is becoming <u>increasingly</u> difficult for young people to find employment.

若者が仕事を探すのがますます難しくなってきています。

10. intrinsically　本質的に
It is not intrinsically good nor bad, it very much depends on the circumstances.
それは本質的によいことでも悪いことでもなく、状況次第で大いに変わります。

11. naturally　予想のとおり、もちろん
Naturally, people want to have the best life one can offer, but at any cost?
当然のごとく、人は人生がもたらし得る最高の機会に恵まれたいと考えていますが、それはどんな犠牲を払ってでもそうしたいと思うでしょうか？

12. notably　著しく、はっきり、特に
Medical costs are rising, notably among the elderly.
医療費が上昇していますが、高齢者にとっては特にその傾向があります。

13. obviously　明白に、明らかに
Obviously, this is a problem that cannot be solved easily.
明らかに、これは簡単には解決できない問題です。

14. particularly　特に、とりわけ、詳細に
It is particularly important to recognize that...
〜であると認識することが、とりわけ重要です。

15. personally　自分としては、個人的意見としては
I personally hold the view that...
私は、個人的には、〜という見方をしています。

16. strongly　強く、熱心に、強硬に
I strongly disagree with the statement.
その発言（述べられた内容）には断固反対です。

17. subsequently　その後、続いて、（〜の）次に
More women received university degrees, subsequently the competition for jobs intensified.
大学を卒業する女性が増え、その結果、就職競争が激化しました。

18. surprisingly　驚くほど、意外に

Surprisingly, more women in that country, thought to be very conservative, have reached leadership positions than in neighboring countries.

意外なことに、非常に保守的だと考えられているその国の女性のほうが、近隣諸国に比べて数多く指導者の地位に就いています。

19. undoubtedly　疑いもなく、確かに

Undoubtedly, this is a common view of the matter, but I think we should examine the question more closely.

確かにその件に関してはこれが一般的な見方でしょうが、その問題をもっと詳しく検討すべきだと思います。

20. vastly　広大に、非常に、大いに

I take a vastly different view of the matter.

その件については、私はかなり違った見方をしています。

その他の役立つ表現

◆付加・列挙するとき

1. also　　（〜も）また、（さらに）また
I also believe that...
私はまた、〜だとも思います。

2. first　　第一に、まず（second、third ...と続く）
First, we must consider...
まず、私たちは〜について考慮すべきです。

3. furthermore　さらに、そのうえに
Furthermore, I think that it is harmful for young people.
さらに、それは若い人たちにとって有害なことだと私は思います。

4. in addition to...　そのうえ、さらに、（〜に）加えて
In addition to that, we must look at...
それに加えて、〜について考えなくてはなりません。

［注意］
in addition to...のあとには名詞（句）が続く。動詞を入れないように注意しよう。
× In addition to implement the project, ...
○ In addition to implementing the project, ...

5. likewise　　同様に、同じく
Mr. A says that people in his country spend their free time on hobbies; likewise, people in my country pursue their personal interests in their free time.
Aさんは彼の国の人たちは自由な時間を趣味に費やすと言いますが、同様に、私の国の人たちも自由な時間には個人の興味を追求しています。

6. moreover　　そのうえに、さらに
It is, moreover, less likely to prove beneficial than the alternative.
さらに、それが代替案よりも有益だと立証される可能性は低いでしょう。

7. similarly　　同じく、同様に
Similarly, the next generation developed its own slang and code for in-group communication.
同様に、次の世代も仲間内のコミュニケーションに使う自分たち独自のスラングや隠語を作り出しました。

221

◆比較・対照するとき

1. although　　〜だけれども、〜とはいえ

<u>Although</u> this is the current trend, I think we must consider whether or not it is good for our society.

これが現在の傾向ですが、社会にとっていいことなのかどうか考えなくてはならないと思います。

2. contrary to…　〜に反して、〜と逆に

<u>Contrary to</u> those who support the abolishment of required classes, I wholly support the return to a curriculum of mostly required courses.

必修科目の廃止を支持する人たちとは反対に、私はほとんどが必修科目であるカリキュラムに戻すことを全面的に支持します。

3. however　　しかしながら、ところが

I, <u>however</u>, disagree and believe (that) we must think about the consequences of such a program.

しかし、私は反対で、そうした計画がもたらす結果について考えるべきだと思います。

4. nevertheless　それにもかかわらず、やはり

It may be true that it is an effective means; <u>nevertheless</u>, I think it is not the best or most effective way.

確かにそれは効果的な手段なのでしょう。とはいうものの、最善の方法や最も効果的な方法ではないと私は思います。

5. on the other hand　一方では、それに反して

It is wonderful to own a home; <u>on the other hand</u>, it can be a big burden.

マイホームを持つのは素晴らしいことですが、大きな負担にもなりえます。

6. whereas　　〜であるのに、ところが、〜に反して

<u>Whereas</u> my friend argues for change, I argue for keeping things as they are.

友人は変更することを主張しますが、私は現状のままにしておくことに賛成です。

◆結論づけるとき

1. all in all　　全体として、概して

<u>All in all</u> , recycling has been a success.

概して、リサイクリングはこれまでうまくいっています。

2. as a result of...　〜の結果として

As a result of the decline in the value of the yen, imported goods are more costly.

円の価値が下がった結果、輸入品が高くなりました。

3. because of...　〜のために、〜のせいで

Because of the changes in the population, the future of the pension fund is in question.

人口分布の変化により、年金基金の将来が問題になっています。

4. due to...　〜による、〜のためである

The rise in crime may be due to the increase in drug use.

犯罪が増えた原因は、薬物使用の増加なのかもしれません。

5. in conclusion　結果として

In conclusion, I would like to say...

結論として、〜と申し上げたいと思います。

6. in short　手短に言えば、要するに

This is, in short, the best means of accomplishing the task.

要するに、これがその仕事をやり遂げる最善の方法です。

7. so　それで、そこで

Many retirees wish to contribute to society in some way, so we can see an increase in the number of volunteers in this age group.

何らかの形で社会に貢献したいと思っている定年退職者が多いので、この年代層のボランティアの人数が増えると考えることができます。

8. therefore　それゆえに、したがって、その結果

There is overwhelming data indicating that this chemical is dangerous; therefore, its use should be banned.

この化学物質が危険であることを示す確かなデータがあるので、その使用を禁止すべきです。

◆例示するとき

1. a typical example　代表的な例、典型的な例

A typical example of this is somen, cold noodles often served in summer.

この代表的な例が、夏によく出される冷たい麺「そうめん」です。

2. for instance / for example　　たとえば

Human rights violations, <u>for instance</u>, have been a source of international criticism.
たとえば、人権侵害が国際的な批判の的となってきました。

It is better to travel when good weather prevails. <u>For example</u>, May is a beautiful month there.
好天に恵まれるときに旅行するほうがいいです。たとえば、その地域では5月が天気のいい月です。

3. like　　同様のもの、〜のように

<u>Like</u> our counterparts in other countries, young people in my country are very keen on music, our own and foreign singers or groups.
ほかの国の同年代の人たちと同様、私の国の若者も自分の国や外国の歌手やグループの音楽に夢中です。

4. such as...　　〜のような

The young people of my country are very fond of sports, <u>such as</u> soccer and tennis.
私の国の若い人たちは、サッカーやテニスなどのスポーツが大好きです。

◆その他

1. as for...　　〜はどうかといえば、〜に関しては

<u>As for</u> getting a job through an introduction...
紹介を通じて仕事に就くということに関しては〜。

2. as long as...　　〜の（〜する）間は、〜する限りは

<u>As long as</u> cigarette smoking in public places is permitted, there must be strict enforcement of no-smoking in areas so designated.
公共の場での喫煙を認めるからには、禁煙指定区域では禁煙を厳しく強制しなくてはなりません。

3. at least　　少なくとも

We should <u>at least</u> consider some alternative.
少なくとも何らかの代替案を考えておくべきです。

4. at most　　せいぜい、多くても

It is <u>at most</u> a mere inconvenience.
それはよく捉えても単に迷惑なことでしかありません。

5. by far はるかに、たいへん、ひどく、ずっと
This is the most important consideration <u>by far</u>.
これは間違いなく最も重要な考察です。

6. by no means 決して～でない
It is <u>by no means</u> clear that the death penalty deters crime.
死刑が犯罪を抑止するとは、決してはっきりいえることではありません。

7. cannot comprehend 理解できない
I <u>cannot comprehend</u> how anyone could think that a 14-year-old child should bear the same responsibility as a 34-year-old man.
14歳の子どもが34歳の人と同等の責任を負うべきだと考えるなど、私には理解できません。

8. fail to see 理解できない、わからない
I <u>fail to see</u> the merits of the case for changing the system.
その制度を変更した場合の利点が、私にはわかりません。

9. in fact 実際に、本当に
<u>In fact</u>, it is the most widely celebrated event in our history.
実のところ、それはわれわれの歴史の中で最も幅広く祝われている行事です。

10. in the end 最後には、最終的には、結局
This long-drawn-out process will <u>in the end</u> lead to positive change.
この長引いた一連の工程は、最終的には前向きな変化へとつながるでしょう。

11. on the whole 全体的に見て、概して、だいたいは
<u>On the whole</u>, I would agree with that argument.
全体的に見れば、私はその主張に賛成したいと思います。

12. refuse to believe 信じない、拒否する、受け入れない
Many smokers <u>refuse to believe</u> that smoking is responsible for their health problems.
多くの喫煙者は、喫煙が自分たちの健康問題の原因になるということを受け入れません。

13. thanks to... ～のおかげで
<u>Thanks to</u> strict enforcement of the minimum age for alcohol consumption, teen traffic fatalities are down.
飲酒の最低年齢を厳しく取り締まったおかげで、交通事故で死亡するティーンエイジャーが減っています。

14. that is (to say)　つまり、言い換えれば

That Christmas event was fabulous, <u>that is to say</u>, it was one of the most memorable occasions I have ever participated in.

あのクリスマスの行事は素晴らしいものでした。言い換えれば、それまでに参加した行事の中で最も記憶に残るものの1つでした。

15. there is no denying (that)　否定できない

<u>There is no denying</u> the influence of one's peers in one's teens.

10代のころの仲間から受ける影響を否定することはできません。

<u>There is no denying that</u> much of what is studied for entrance exams is soon forgotten.

入学試験のために勉強したことのほとんどをすぐに忘れてしまうことは否定できません。

16. to that end　その結果のために

We all want to live in a clean environment, and <u>to that end</u> we should pass laws which ensure it.

私たちはみなきれいな環境の中で暮らしたいと思っていますので、そのためには、それを確実にする法律を通過させるべきです。

17. with respect to…　〜に関して

I agree with my colleague <u>with respect to</u> stricter emission standards for cars but not to banning cars in the city.

排気ガス規制を強化することに関しては同僚の意見に賛成ですが、都市部で車の使用を禁止するという考えには賛同しません。

編著者

神部　孝（かんべ　たかし）
Yale UniversityでMBAを取得。現在、かんべ英語塾主宰。TOEFLをはじめ、GMATやGRE、英検などの指導に当たっている。主な著書に『完全攻略! TOEFL iBTテスト』『完全攻略! TOEFL ITPテスト』『TOEFLテスト完全攻略 スピーキング』（いずれもアルク刊）、『TOEFL英単語 3800』『TOEFL英熟語 700』（ともに旺文社刊）などがある。

iBT対応
TOEFL®テスト完全攻略
ライティング

2007年7月21日　初版発行
2016年3月22日　第5刷発行

編　　　者：	神部 孝	
著　　　者：	神部孝／田嶋ティナ宏子／近山メアリー	
編　　　集：	株式会社アルク文教編集部／ 株式会社ディービー・ワークス	
制作協力：	川口エレン	
問題作成：	Christopher Kossowski	
翻　　　訳：	霜村和久	
校　　　正：	Owen Schaefer	
ＣＤ制作：	株式会社ソニーミュージックコミュニケーションズ	
装丁/DTP：	株式会社ディービー・ワークス	
印刷・製本：	図書印刷株式会社	
発　行　者：	平本照麿	
発　行　所：	株式会社アルク 〒168-8611　東京都杉並区永福2-54-12 TEL: 03-3327-1101 FAX: 03-3327-1300 Email: csss@alc.co.jp Website: http://www.alc.co.jp/	

落丁本・乱丁本は、弊社にてお取り替えしております。アルクお客様センター（電話：03-3327-1101　受付時間：平日9時〜17時）までご相談ください。
本書の全部または一部の無断転載を禁じます。著作権法上で認められた場合を除いて、本書からのコピーを禁じます。
定価はカバーに表示してあります。

© 2007 Takashi Kambe / Tina Tajima /
　Mary Chikayama / ALC PRESS Inc.

Printed in Japan
PC 7006044
ISBN : 978-4-7574-1249-1

地球人ネットワークを創る

アルクのシンボル
「地球人マーク」です。